U0669837

文库

丛书主编

郑 毅

# 启东录 皇华纪程

# 边疆叛迹

清·林寿图 吴大徵 常有祜 撰

关大虹 李晓晨 郭殿忱 梁士灿 标注

李国芳 点校

吉林文史出版社

图书在版编目（CIP）数据

启东录 / (清) 林寿图撰；李国芳点校. 皇华纪程 /
(清) 吴大澂撰；关大虹, 李晓晨, 郭殿忱标注. 边疆叛
迹 / (清) 常有龡撰；梁士灿标注. -- 长春：吉林文
史出版社, 2022.9

（长白文库）
ISBN 978-7-5472-8958-7

Ⅰ. ①启… ②皇… ③边… Ⅱ. ①林… ②吴… ③常
… ④李… ⑤关… ⑥李… ⑦郭… ⑧梁… Ⅲ. ①东北地
区－地方史 Ⅳ. ①K293

中国版本图书馆CIP数据核字(2022)第179000号

| 启东录 | 皇华纪程 | 边疆叛迹 |
| --- | --- | --- |
| QI DONG LU | HUANG HUA JI CHENG | BIANJIANG PAN JI |
| 撰：（清）林寿图 | 撰：（清）吴大澂 | 撰：（清）常有龡 |
| 点校：李国芳 | 标注：关大虹　李晓晨　郭殿忱 | 标注：梁士灿 |

出 品 人：张　强
丛书主编：郑　毅
副 主 编：李少鹏
责任编辑：吕　莹
装帧设计：尤　蕾
封面设计：王　哲
出版发行：吉林文史出版社有限责任公司
电　　话：0431-81629369
地　　址：长春市福祉大路出版集团A座
邮　　编：130117
网　　址：www.jlws.com.cn
印　　刷：吉林省优视印务有限公司
开　　本：170mm×240mm　1/16
印　　张：9
字　　数：200千字
版　　次：2022年9月第1版　2022年9月第1次印刷
书　　号：ISBN 978-7-5472-8958-7
定　　价：88.00元

# "长白文库"编委会

（排名不分先后）

主　编：郑　毅　北华大学东亚历史与文献研究中心
副主编：李少鹏　北华大学历史文化学院
顾　问：刁书仁　东北师范大学历史文化学院
　　　　马大正　中国社会科学院中国边疆研究所
　　　　王禹浪　大连大学中国东北史研究中心
　　　　汤重南　中国社会科学院世界历史研究所
　　　　宋成有　北京大学历史学系
　　　　陈谦平　南京大学历史系
　　　　杨栋梁　南开大学历史学院
　　　　林　沄　吉林大学考古学院
　　　　徐　潜　吉林出版集团
　　　　张福有　吉林省文史研究馆
　　　　蒋力华　吉林省文史研究馆

编　委：王中忱　清华大学中国语言文学系
　　　　任玉珊　北华大学
　　　　刘信君　吉林大学马克思主义学院
　　　　刘　钊　复旦大学出土文献与古文字研究中心
　　　　刘岳兵　南开大学日本研究院
　　　　刘建辉　（日）国际日本文化研究中心
　　　　李大龙　中国历史研究院中国边疆研究所
　　　　李无未　厦门大学文学院
　　　　李德山　东北师范大学古籍研究所
　　　　李宗勋　延边大学历史系
　　　　杨共乐　北京师范大学历史学院
　　　　张福贵　吉林大学文学院
　　　　张　强　吉林文史出版社
　　　　韩东育　东北师范大学
　　　　佟轶材　北华大学
　　　　黑　龙　大连民族大学东北少数民族研究院

# "长白文库"总序

中华优秀传统文化是中华民族的"根"和"魂",习近平总书记高度重视中华优秀传统文化,并将其作为治国理政的重要思想文化资源。"不忘本来才能开辟未来,善于继承才能更好创新。""优秀传统文化是一个国家、一个民族传承和发展的根本,如果丢掉了,就割断了精神命脉。"中华优秀传统文化具有多样性和地域性等特征,东北地域文化是多元一体的中华文化中的重要组成部分。吉林省地处东北地区中部,是中华民族世代生存融合的重要地区,素有"白山松水"之美誉,肃慎、扶余、东胡、高句丽、契丹、女真、汉族、满族、蒙古族等诸多族群自古繁衍生息于此,创造出多种极具地域特征的绚烂多姿的地方文化。为了"弘扬地方文化,开发乡邦文献",自20世纪80年代起,原吉林师范学院李澍田先生积极响应陈云同志倡导古籍整理的号召,应东北地区方志编修之急,服务于东北地方史研究的热潮,遍访国内百余家图书馆寻书求籍,审慎筛选具有代表性的著述文典300余种,编撰校订出版以"长白丛书"(以下简称"丛书")为名的大型东北地方文献丛书,迄今已近40载。历经李澍田先生、刁书仁和郑毅两位教授三任丛书主编,数十位古籍所前辈和同人青灯黄卷、兀兀穷年,诸多省内外专家学者的鼎力支持,"丛书"迄今已共计整理出版了110部5000余万字。"丛书"以"长白"为名,"在清代中叶以来,吉林省疆域迭有变迁,而长白山钟灵毓秀,巍然耸立,为吉林名山,从历史上看,不咸山于《山海经·大荒北经》中也有明确记录,把长白山当作吉林的象征,这是合情合理的。"("长白丛书"初版陈连庆先生序)

1983年吉林师范学院古籍研究所(室)成立,作为吉林省古籍整理与研究协作组常设机构和丛书的编务机构,李澍田先生出任所长。全国高校古籍整理工作委员会、吉林省教委和省财政厅都给予了该项目一定的支持。李澍田先生是"丛书"的创始人,他的学术生涯就是"丛书"的创业史。"丛书"能够在国内外学界有如此大的影响力,与李澍田先生的敬业精神和艰辛努力是分不开的。"丛书"创办之始,李澍田先生"邀集吉、长各地的中青年同志,乃至吉林的一些老同志,群策群力,分工合作"(初版陈序),寻访底本,夙兴夜寐逐字校勘，联络印刷单位、寻找合作方，因经常有生僻古字，先生不得不亲自到车间与排版工人拼字铸模；吉林文史出版社于永玉先生作为"丛书"的第一任责编，殚精竭虑地付出了很多努力，为"丛书"的完成出版作出了突出贡献；原古籍所衣兴国等诸位前辈同人在辅助李澍田先生编印"丛书"的过程中，一道解决了遇到的诸多问题、排除了诸多困难，是"丛书"草创时期的重要参与者。"丛书"自 20 世纪 80 年代出版发行以来，经历了铅字排版印刷、激光照排印刷、数字化出版等多个时期，"丛书"本身也称得上是改革开放以来中国印刷史的见证。由于"丛书"不同卷册在出版发行的不同历史时期，投入的人力、财力受当时的条件所限，每一种图书的质量都不同程度留有遗憾，且印数多则千册、少则数百册，历经数十年的流布与交换，有些图书可谓一册难求。

1994 年，李澍田先生年逾花甲，功成身退，由刁书仁教授继任"丛书"主编。刁书仁教授"萧规曹随"，延续了"丛书"的出版生命，在经费拮据、古籍整理热潮消退、社会关注度降低的情况下，多方呼吁，破解困局，使得"丛书"得以继续出版，文化品牌得以保存，其功不可没。1999 年原吉林师范学院、吉林医学院、吉林林学院和吉林电气化高等专科学校合并组建为北华大学，首任校长于庚蒲教授力主保留古籍所作为北华大学处级建制科研单位，使得"丛书"的学术研究成果得以延续保存。依托北华大学古籍所发展形成的专门史学科被学校确定为四个重点建设学科之一，在东北边疆史地研究、东北民族史研究方面形成了北华大学的特色与优势。

2002 年，刁书仁教授调至扬州大学工作，笔者当时正担任北华大学图书馆馆长，在北华大学的委托和古籍所同人的希冀下，本人兼任古籍所所长、"丛书"主编。在北华大学的鼎力支持下，为了适应新时期形势的发展，出于拓展古籍研究所研究领域、繁荣学术文化、有利于学术交流以及人才培养工作的实际需要，原古籍研究所改建为东亚历史与文献研究中心，在保持原古籍整理与研究的学术专长的同时，中心将学术研究的视野和交流渠道拓展至东亚地域范围。同时，为努力保持"丛书"的出版规模，我们以出文献精品、重学术研究成果为工作方针，确保"丛书"学术研究成果的传承与延续。

在全方位、深层次挖掘和研究的基础上，整套"丛书"整理与研究成果斐然。"丛书"分为文献整理与东亚文化研究两大系列，内容包括史料、方志、档案、人物、诗词、满学、农学、边疆、民俗、金石、地理、专题论集 12 个子系列。"丛书"问世后得到学术界和出版界的好评，"丛书"初集中的《吉林通志》于 1987 年荣获全国古籍出版奖，三集中的《东三省政略》于 1992 年获国家新闻出版总署全国古籍整理图书奖，是当年全国地方文献中唯一获奖的图书。同年，在吉林省第二届社会科学成果评奖中，全套丛书获优秀成果二等奖，并被国家新闻出版总署列为"八五"计划重点图书。1995 年《中国东北通史》获吉林省第三届社会科学优秀成果二等奖。2005 年，《同文汇考中朝史料》获北方十五省（市、区）哲学社会科学优秀图书奖。

"丛书"的出版在社会各界引起很大反响，与当时广东出现的以岭南文献为主的《岭南丛书》并称国内两大地方文献丛书，有"北有长白，南有岭南"之誉。吉林大学金景芳教授认为"编辑'长白丛书'的贡献很大，从'辽海丛书'到'长白丛书'都证明东北并非没有文化"。著名明史学者、东北师范大学李洵教授认为："《长白丛书》把现在已经很难得的东西整理出来，说明东北文化有很高的水准，所以丛书的意义不只在于出了几本书，更在于开发了东北的文化，这是很有意义的，现在不能再说东北没有文化了。"美国学者杜赞奇认为"以往有关东北方面的材料,利用日文资料很多。而现在中文的'长白丛书'则很有利于提高中国东北史的研究"（在"长白丛书"出版十周年纪念会上的发言）。中国社会科学院边疆史地研究中心主任厉声研究员认为："'长白丛书'已经成为一个品牌，与西北研究同列全国之首。"（1999 年 12 月在"长白丛书"工作规划会议上的发言）目前,"长白丛书"已被收藏于日本、俄罗斯、美国、德国、英国、加拿大、澳大利亚、韩国及东南亚各国多所学府和研究机构，并深受海内外史学研究者的关注。

为了更好地传承和弘扬优秀地域文化，再现"丛书"在"面向吉林，服务桑梓"方面的传统与特色，2010 年前后，我与时任吉林文史出版社社长的徐潜先生就曾多次动议启动出版《长白丛书精品集》，并做了相应的前期准备工作，后因出版资助经费落实有困难而一再拖延。2020 年，以十年前的动议与前期工作为基础，在吉林省省级文化发展专项资金的资助下，北华大学东亚历史与文献研究中心与吉林文史出版社共同议定以《长白丛书》为文献基础，从"丛书"已出版的图书中优选数十种具有代表性的文献图书和研究著述合编为"长白文库"加以出版。

"长白文库"是在新的历史发展时期对"长白丛书"的一种文化传承和创新，"长白丛书"仍将以推出地方文化精华和学术研究精品为目标，延续东北地域文化的文脉。

"长白文库"以"长白丛书"刊印 40 年来广受社会各界关注的地方文化图书为入选标准，第一期选择约 30 部反映吉林地域传统文化精华的图书，充分展现白山松水孕育的地域传统文化之风貌，为当代传统文化传承提供丰厚的文化滋养，是一件功在当代、利在千秋的文化盛举。

盛世兴文，文以载道。保存和延续优秀传统文化的文脉，是人文社会科学研究者的社会责任和学术使命，"长白丛书"在创立之时，就得到省内外多所高校诸多学界前辈的关注和提携，"开发乡邦文献，弘扬地方文化"成为20世纪80年代一批志同道合的老一辈学者的共同奋斗目标，没有他们当初的默默耕耘和艰辛努力，就没有今天"长白丛书"这样一个存续40年的地方文化品牌的荣耀。"独行快，众行远"，这次在组建"长白文库"编委会的过程中，受邀的各位学者都表达了对这项工作的肯定和支持，慨然应允出任编委会委员，并对"长白文库"的编辑工作提出了诸多真知灼见，这是学界同道对"丛书"多年情感的流露，也是对即将问世的"长白文库"的期许。

感谢原吉林师范学院、现北华大学40年来对"丛书"的投入与支持，感谢吉林文史出版社历届领导的精诚合作，感谢学界同人对"丛书"的关心与帮助！

郑　毅

谨序于北华大学东亚历史与文献研究中心

2020年7月1日

# "长白丛书"序

　　吉林师范学院李澍田同志，悉心钻研历史，关心乡邦文献，于教学之余，搜罗有关吉林的书刊，上自古代，下迄辛亥，编为"长白丛书"，征序于予，辞不获命。爰缀予所知者书于简端曰：

　　昔孔子有言："夏礼吾能言之，杞不足征也。殷礼，吾能言之，宋不足征也。文献不足故也，足，则吾能征之矣。"说者以为："文，典籍也。献，贤也。"这是因为文献对于历史研究相辅相成，缺乏必要的文献，历史研究便无从措手。古代文献，如十三经、二十四史之属，久已风行海内外，家传户诵，不虞其失坠，而近代文献往往不易保存。清代学者章学诚对此曾大声疾呼，唤起人们的注意，于其名著《文史通义》中曾详言之。然而，保存文献并不如想象那么容易。贵远贱近，习俗移人，不以为意，随手散弃者有之。保管不善，毁于水火，遭老鼠批判者有之。而最大损失仍与政治原因有关。自清朝末叶以来，吉林困厄极矣，强邻环伺，国土日蹙，先有日、俄帝国主义战争，继有军阀割据，九一八事变后，又有敌伪十四年统治，国土沦陷，生民憔悴。在政权更迭之际，人民或不免于屠刀，图书文物更随时有遭毁弃和掠夺的命运。时至今日，清代文书档案几如凤毛麟角，九一八事变以前书刊也极为罕见。大抵有关抨击时政者最先毁弃，有关时事者则几无孑遗。欲求民国以来一份完整无缺的地方报纸已不可能，遑论其他。

　　中华人民共和国成立以来，百废俱兴，文教事业空前发展。而中经十年内乱，公私图书蒙受极大损失，断简残篇难以拾缀。吉林市旧家藏书，"文革"期间遭到洗劫，损失尤重。粉碎"四人帮"后，祖国复兴，文运欣欣向荣，在拨乱反正的号召下，由陈云同志倡导，大张旗鼓，整理古籍，一反民族虚无主义积习，尊重祖国悠久文化传统，为振兴中华，提供历史借鉴。值此大好时机，李澍田同志以一片爱国爱乡的赤子之心，广泛搜求有关吉林文史图书，不辞劳苦，历访东北各图书馆，并远走京沪各地，仆仆风尘，调查访问，即书而求人，因人而求书，在短短几年内，得书逾千，经过仔细筛选，择其有代表性者三百种，编为"长白丛书"。盖清代中叶以来，吉林省疆域迭有变迁，而长白山钟灵毓秀，巍然耸立，为吉林名山，从历史上看，不咸山于《山海经·大荒北经》中也有明确记录，把长白山当作吉林的象征，这是合情合理的。

"丛书"中所收著作，以清人作品为最多，范围极其广泛，自史书、方志、游记、档案、家谱以下，又有各家别集、总集之属。为网罗散佚，在宋、辽、金以迄明代的著作之外，又以文献征存、史志辑佚、金石碑传补其不足，取精用宏，包罗万象，可以说是吉林文献的总汇，对于保存文献，具有重大贡献。

回忆酝酿编纂之际，李澍田同志奔走呼号，独力支撑，在无人、无钱的条件下，邀集吉长各地的中青年同志，乃至吉林的一些老同志，群策群力，分工合作，众志成城，大业克举。在整理文献的过程中，摸索出一套先进经验，培养出一支坚强队伍。这也是有志者事竟成的一个范例。

我与李澍田同志相处有年，编订此书之际，澍田同志虚怀若谷，对于书刊的搜求，目录的选定等方面多次征求意见。今当是书即将问世之际，深喜乡邦文献可以不再失坠，故敢借此机会聊述所怀。殷切希望读此书者，要从祖国的悲惨往事中，体会爱国家、爱乡土的心情，激发斗志，为"四化"多作贡献。也殷切希望读此书者，能够体会到保存文献之不易，使焚琴煮鹤的蠢事不要重演。

当然，有关吉林的文献并不以汉文书刊为限，在清代一朝就有大量的满文、蒙文的档案和图书，此外又有俄、日、英、美各国的档案和专著，如能组织人力，有计划、有步骤地进行整理，提要钩玄勒成专著，先整理一部分，然后逐渐扩大，这也是不朽的盛业，李君其有意乎？

吉林　陈连庆　谨序

一九八六年五月一日

# 目　录

启东录皇华纪程
边疆叛迹

# 启东录

清·林寿图 撰

李国芳 点校

# 点校前言

　　《启东录》是一部很有学术价值的史书。它较为系统地记述了我国东北各民族发展、演变的历史进程，特别是对这些民族与中原各王朝在政治、经济、文化等方面的交往，更有较详细的阐述。《启东录》成书于光绪五年（1879 年），后由黄鹄山人欧斋刊藏（1903 年）。

　　作者林寿图，字颖叔，福建闽县人。道光二十五年（1845 年）乙巳恩科进士，榜名英奇，任工部主事。咸丰九年（1859 年）参列乙未科会试同考官。同治二年（1863 年）出任陕西布政使，兼署巡抚。一任之后，调离陕西，一年后旋调回，直到同治八年（1869 年），第二任期满始挂冠归里。居官六载，雅负时望，颇有政声。晚年旅居武昌，开始《启东录》的著述，大约十年左右成书。

　　《启东录》上下两册，共分六卷，一、二两卷从肃慎到完颜，分述十个部族的历史概貌及建州的历史沿革和清朝的兴起。卷三建置，介绍了从肃慎到满洲以来城、州、府、县的建立与变更情况。卷四考证、卷五校勘和卷六纪述是作者的力作。他从众多史料中发凡显微，钩玄索隐，力求表现历史的本来面貌。诸如：黑龙江曾是我国一条内河，古朝鲜与高句丽为二，等等，都确是真知灼见。全书紧紧围绕一个中心思想，这就是："东之为位，天地之所以成始而成终，亿万斯年，洪图巩固。"作者特别强调要加强防御，才能"以重根本"。因此洋洋七万余言的《启东录》字里行间闪耀着爱国主义思想光辉。为捍卫中国的神圣领土而撰写的《启东录》，终篇压卷一笔呼吁："康熙五十三年，编置佐领，设协领防御管辖。谈形势者审焉。"这是令人警醒的。

　　在高度评价《启东录》这部史书的同时，还应当指出这部书的不足之处。从史观上看，作者更多的是对清王朝进行颂扬，有些失于客观的评述和陈腐的论断均已为史学研究成果所否定。这些都是作者的历史、阶级局限所致。

《启东录》的点校工作是在吉林师范学院古籍研究所所长李澍田副教授的指导下，由李国芳先生初点，刘乃中、罗节文先生复校，经过师院一些师生的抄录、编辑加工始得出版，是集体劳动的结晶。

　　《启东录》所引书籍颇多，有些史书、地志很难找到原书核对。书中所引少数民族人名、地名又多系音译，给标注带来了许多困难。尽管推敲再三，但限于学识水平，缺点错误在所难免。恳切希望专家、读者批评指正。

# 叙

帝，出乎震，东方也。扶舆旁薄之气[1]，积数千年，启我圣清。初有辽金部族，继有元之蒙古，兼有今之朝鲜，遂有明之天下。冠裳骑射，文物声明，肇开于肃慎。司马迁《史记》述《周本纪》，后稷之兴，在陶唐虞夏之际，皆有令德。原其始也，肃慎见于同时，即珠申之转音，发祥远矣。王师征讨粤丑之初，备员枢省，得见《满洲源流考》，旧德敦庞，超轶前古，知祸乱不足戡也。官书繁复，类钞胥秘府所藏，士大夫罕得传购，尝欲参以时代，辑其简要者。夫三代极盛，卜年长久，莫越姬氏。《豳风》《无逸》陈王业之艰难，顾詹旧疆，常若遐思，而旷慕其后，汧渭之封，岐丰之锡，第界为附庸耳。而史家载笔，辄俯仰于孝平之世，然则慎守先代所留，诒龈龈于尺寸，保世滋大，庸有艾欤。国家造邦辽沈，尝挫俄罗斯兵锋，审度于襟带屏藩之势，设黑龙江将军镇守其外，与吉林将军张为掎角，固已建乎不拔之基。是编成于重定分界[2]之后十七载，海寓乂安，庙堂方议增总督于盛京，以重根本。缵承抚御谟略，迈乎周京万万也，猗欤盛哉！东之为位，天地之所以成始而成终，亿万斯年，洪图巩固，舞蹈颂之矣。

光绪五载，屠维单阏之岁，孟春陬月，哉生魄[3]前方略馆纂修闽县林寿图叙于武昌旅舍。

# 卷　一

## 肃　慎

《淮南子》曰：东方多君子之国，信哉。莫古于肃慎。《竹书纪年》：帝舜有虞氏二十五年，息慎氏来朝，贡弓矢。《史记·夏本纪》亦称北发息慎。《尚书·序》成王既伐东彝，息慎来贺。皆作息慎。《家语》武王克商，肃慎氏贡楛矢。《尚书传》王俾荣伯作《贿肃慎之命》。《孔子世家》有隼集于陈廷而死，楛矢贯之，石砮，矢长尺有咫。陈湣公使使问仲尼，仲尼曰："隼来远矣，此肃慎之矢也。"《后汉书》康王之时，肃慎复至。盖至成周复著，皆作肃慎。郑玄[4]曰：息慎或谓之肃慎。楛矢肇骑射之本俗，见《高宗御制》。而石砮为镞，《盛京通志》《八旗通志》皆无证，王士桢《池北偶谈》载吴兆骞谪宁古塔记云：石砮出混同江中，相传松脂入水千年所化，厥色青绀，厥理如木，厥坚过铁石。土人以之砺刃。知为肃慎砮矢之遗，曾携归京师赠友。《明一统志》亦云：黑龙江口出石砮，名水花石，坚利入铁。土人将取之，必先祈神。固信而有征。《汲冢周书·王会解》西面者正北方稷慎大麈，又作稷慎。息、稷与肃一音之转，为一国无疑。虽秦汉之盛，于史无传。《后汉书》古肃慎国在夫余东北千余里，东滨大海。《挹娄传》则云：即古肃慎。《淮南子》亦云：海外三十六国有肃慎氏。范蔚宗谓冠弁、衣锦、器用、俎豆，岂无所据而云然。有谓肃慎之名，似至汉而止者。然《魏书》明帝青龙四年，肃慎贡楛矢。《晋书》肃慎国东北有山出石，其利入铁，将取之，必先祈神。周武王时，献其楛矢石砮。逮于周公辅成王，复遣使入贺，尔后千余年，虽秦汉之盛，莫之致也。及文帝作相，魏景元末，来贡楛矢。魏帝诏归于相府，锡其王俒鸡锦罽、棉帛。至惠帝元康初，复来贡献。元帝中兴，又诣江左，贡其石砮。成帝时通使于石季龙，叙通使聘问巅末綦详。迄南朝宋孝武帝大明三年，犹献楛矢。见《册府元龟》。不得谓东汉后无肃慎也。地势负山襟海，物产闳博，风气纯古，历虞夏商周，迄魏晋南北朝，传世二千余年不绝。自汉以后，部族繁衍，载笔者不详原委，代有岐称。故宋刘忠恕以金之姓为朱里真。北音读肃为须，须朱同韵，里真二字合呼之，即为慎。不知为肃慎的转音，误以为姓，舛孰甚焉。我朝国初，旧称所属曰珠申。经高宗钦定，与金之女真同为肃慎转音，犹夫稷慎、息慎云尔。于戏！诞膺景命，肇启大东，继继绳绳[5]，钟灵笃庆。廓四海而无外，垂万禩[6]而常新。音译可稽，必以肃慎为始基矣。

# 夫 余

夫余国，汉时在长城北，去玄菟千里。地方广二千里，川原平敞，以员栅为城。有君长，有宫室、仓库。武帝元朔元年，以其地为沧海郡，数年乃罢。元封三年，灭朝鲜分置乐浪、临屯、玄菟、真番四郡。昭帝始元五年，罢临屯、真番以并乐浪、玄菟。玄菟复徙居句骊，自单单[7]大岭以东，悉属乐浪。后境土渐辟，复分岭东七县，置乐浪东部都尉。光武帝建武二十五年，遣使贡献，厚答报之，于是使命岁通。安帝永初五年，夫余王始将步骑七八千人入乐浪。永宁元年，遣嗣子尉仇台诣阙。延光元年，遣使贡献。顺帝永和元年，其王来朝，帝作黄门鼓吹角抵戏[8]以遣之。桓帝延熹四年，遣使朝贺贡献。永康元年，其王复将二万人侵玄菟。灵帝熹平中，复奉章贡。献帝延康元年，又遣使贡献。汉末，辽东太守公孙度，雄长一方，尉仇台更属辽东。时句丽、鲜卑强盛，度以夫余介其间，妻以宗女。尉仇台死，简位居立，无适子，有孽子麻余。麻余死，其子依虑，年六岁，立以为王。晋武帝时，频来朝贺。太康六年，为慕容廆所袭破，其王依虑死，子弟走保沃沮。有司奏护东夷校尉鲜于婴不救夫余，失于机略，诏免婴以何龛代之。明年，夫余后王依罗遣使诣龛，求率见人还复旧国。龛上列，遣都督贾沈以兵送之。廆又要之于路，沈与战，大败之，依罗得复国。《魏略》云：昔北方有槀离之国，其王者侍婢有身，王欲杀之。婢云：有气如鸡子来下我，故有身。后生子名曰东明。东明善射，王恐夺其国也，欲杀之。东明走。南至施掩水，以弓击水，鱼鳖浮为桥，东明得渡，因都王夫余之地。《梁书》则称高句丽，其先出自东明。东明本槀离王之子，王欲杀之，东明走，至夫余而王焉。槀离，《后汉书》作索离。注云：索音度洛反。《通典》作橐离。《梁书》作囊离，然非高句丽之高丽也。《隋书》亦载东明事，直作高丽误为一国。于是《唐书》以高丽为夫余别种。尉仇台，其东明之苗裔欤？而东明以前不可考矣。《隋书》又载：夫余王尝得河伯女，闭于室内，为日光随而照之，感而遂孕，生一大卵，有男子破壳而出，名曰朱蒙。夫余之臣，咸请杀之。其母以告朱蒙，朱蒙东南走，遇一大水，朱蒙曰："我是河伯外孙，日之子也，今有难而追兵且及，如何得渡？"于是鱼鳖积而成桥，遂渡。朱蒙建国号高句丽。夫余在高丽北，槀离又在夫余北，故东明南走而至夫余，朱蒙亦南走而至高丽。或传闻而有一误耶？何情事略同也？历考《通典》：高丽得夫余地，置夫余城，属于渤海。《通考》渤海以夫余故地为夫余府。《辽史·地理志》：唐时契丹达呼尔（旧作大贺，从《八旗姓氏通谱》作达呼尔）氏蚕食夫余、鞂鞨之区，地方二千余里，皆不得谓其部族之尽属夫余。惟《隋书》谓夫余王尉仇台立国于带方，自后遂称百济。《通典》百济即后汉末夫余王尉仇台之后。延兴（北魏孝文帝年号）二年，其王余庆上表云：臣与高丽先出夫余。而《唐书》以为百济国，本亦夫余之别种者，近之。自晋以后百济王姓名，有夫余腆、夫余丰、夫余隆，直以夫余为姓，而乖其实。《后汉书》称夫余在玄菟北千里，南接高丽，东接挹娄，本涉地。《册府元龟》同。故《魏略》云：夫余王印文曰涉王之印。《晋书》云：国中有古涉城，盖涉地，而夫余居之。其旧国为豆莫娄，在勿吉北千里，去洛六千里。《魏书》所谓旧北夫余在失韦（失，《通考》作室）之东者。是始处极北，后乃兼暨南陲，唐初地入高丽。高丽既灭，属于渤海，为夫余府。其后见于史乘者，辽之通州安远军、龙州黄龙府，金之隆州利涉军，元之开元路，皆其故壤。櫜离国见于辽史，为韩州、凤州，俱在今开原西北境外，高丽出自夫余，夫余出自索离。索读如櫜，故或书为橐。櫜形似橐，故又转为櫜。櫜与橐同音，故复作橐，与高丽分二国也，信矣。

## 挹　娄

去夫余东北千余里，国曰挹娄，一名垾楼。北接室韦，西界渤海、铁离，东濒海，南直不咸山。其姓大氏，其人多勇力。天气寒剧甚于夫余。其邑落各有大人，处山林间。其国有山出石，其利入铁；将取先祈神，与肃慎山同。尝臣属夫余，责其租赋重，以黄初中叛。夫余数伐之。人众虽少，所在山险，畏其弓矢，率不能服。《册府元龟》称，人形似夫余，善乘船，北沃沮畏之。每夏藏于岩穴；至冬，船道不通，乃下居邑落。其见惮于邻国如此。北魏[①]常道乡公景元末，贡楛矢、石砮、弓甲、貂皮之属。晋惠帝元康初来贡。

东晋元帝中兴，诣江左，贡其石砮。成帝时通于石季龙，四年乃达。高丽灭，始保挹娄之东牟山。有乞乞仲象者，渡辽水自固。唐武后封为震国公，后自称震王。乞乞仲象死，子祚荣立。并有乞四比羽之众四十万人据挹娄。国名始见后汉。《后汉书》《三国志》《通考》皆以其即古肃慎氏国，而《晋书》所谓肃慎一名挹娄是也。南北朝始别有勿吉、鞂鞨之称。而旧名可考者，辽之沈州、双州、定理府，金之垾楼县，皆一隅，非全部。《元史》称沈阳路为挹娄故地。于开元路则云古肃慎地。唐曰鞂鞨，又歧而二之。盖魏晋以前，部族未分，其后鳌而为七，族繁地广，非旧部之名能赅也。《金史·地理志》谓：沈州本辽定理府，为挹娄故壤。《辽志》则沈州之外别有定理府，亦属挹娄地。

---

① 北魏：这里是说三国魏曹奂时期。

辽之定理实唐时渤海所建，至今已废。又《金志》称沈州埋楼县，本辽旧兴州常安县，考《辽志》东丹城北至挹娄县范河二百七十里，则辽时已有挹娄县。盖郡邑虽移，幅员有定。而《辽志》之沈州昭德军、双州保安军、定理府，皆故挹娄国地。沈州昭德军今承德县，双州保安军今铁岭县，定理府今兴京境内。证诸《盛京通志》，若承德，若铁岭，若吉林，若宁古塔，自奉天府治极于东北，胥挹娄地也。至《明一统志》载，洪武二十九年，设左右千户于懿路城。永乐八年，复设中千户于懿路城。其废址在今铁岭县城南六十里，又有站名懿路，亦作伊鲁，即辽金挹娄县之遗。国语谓岩穴之穴为叶噜，与伊鲁音相近，尚见当时命名之义尔。

## 三　韩

三韩，统名辰国。《汉书·朝鲜传》真番辰国欲上书见天子，朝鲜雍阏弗为通。颜师古注：辰谓辰韩之国也。后汉始通于中国。一曰马韩，二曰辰韩，三曰弁辰。见《通典》。而《晋书》《梁书》并以弁辰作弁韩。马韩在西最大，邑落杂居，无城部，有五十四国。其北与乐浪，南与倭接。其民土著，各有长帅，大者名臣智。散在山海间，总十余万户，共立其种为辰王，都月支国，盖尽王三韩之地。其诸国王先皆马韩种人。魏明帝景初中，密遣带方太守刘昕、乐浪太守鲜于嗣，越海定二郡。诸韩国臣智加赐邑君印绶，其次与邑长。部从事吴林以乐浪本统韩国，分割辰韩八国以与乐浪。吏译转有异同。臣智激韩忿，攻带方郡崎离营。时太守弓遵、乐浪太守刘茂兴兵伐之，遵战死，二郡遂灭。辰韩在马韩东，耆老自言本秦人，避秦役亡适韩国。马韩割东界地与居，或名之为秦韩。王莽时，廉斯锚为辰韩右渠，欲降莽，出邑落见一人语非韩人，自称汉人名户来，其等辈千五百人，俱伐木为韩得者。锚将户来出诣乐浪郡，郡令锚乘大船入辰韩，索取尚得千人，其五百人已死。辰韩为出赎直。辰韩有城栅、屋室，诸小别邑，各有渠帅。贸易以铁为货。始有六国，后分十二国，其北与涉貊接。弁辰在辰韩南，亦十二国，与辰韩杂居，城郭衣服皆同。其人皆长大美发，而刑罚严峻。又有诸小别邑，各有渠帅，总四五万户。其南之渎卢国亦与倭接。统三韩凡七十八国，备载《魏书·地理志》。汉光武帝建武二十年，韩国廉斯人苏马谌等诣乐浪贡献。帝封苏马谌为廉斯邑君，使属乐浪郡，四时朝谒。本纪所谓韩国人率众诣乐浪内附者。灵帝末，民苦乱，多流亡入韩、涉，献帝建安中，公孙康分屯有、有盐县以南荒地为带方郡，遣公孙模、张敞等收集遗民，兴兵伐韩、涉，旧民稍出，是后韩属带方郡，屯有、有盐两县，并汉辽东所属也。晋武帝咸宁三年，韩人来，明年请内附，其王来朝。太康元年，频贡方物。七年、八年、十年又频至。太熙元年，诣东夷校尉何龛上献。辰韩以流移之人为马韩所制，常奉马韩人作主，虽世世相承不得自立。辰韩作秦韩，马韩亦作慕韩。弁韩作弁辰，又作弁韩。《尚书传》扶余、骍并称。正义谓骍即韩也。只取谐音，原非汉语。实韩与骍皆为汗之讹，三韩，三汗也。范蔚宗始称韩国、韩人。《魏志》遂称韩地、韩王，甚或为韩氏，皆讹。三韩中，惟弁韩记载独略。晋武帝后朝贡无闻焉。仅《梁书》云：辰韩始有六国，稍分为十二国，新罗其一也。马韩有五十四国，百济其一也。《旧唐书》云：百济为马韩故地。盖为百济、新罗所并。《宋史》载定安国本马韩之种，为契丹所破，其帅纠合余众，保于西鄙，建国改元，自称定安。开宝三年，其王烈万华因女真遣使入贡，有存焉寡者矣。

# 勿 吉

高丽北，旧肃慎国地。元魏曰勿吉。邑落各自有长，不相总摄。恃其材武，轻豆莫娄诸国。初有七部：一曰粟末部，与高丽接，胜兵数千，多骁健。二曰伯咄部，在粟末北，胜兵七千。三曰安车骨部，在伯咄东北。四曰拂涅部，在伯咄部东。五曰号室部，在拂涅东。六曰黑水部，在安车骨西北。七曰白山部，在粟末东南，胜兵并不过三千。自拂涅以东，矢皆石镞。五代始分为数十部，《辽营卫志》[9]则以长山部归于国外。十部中，勿吉亦谓之靺鞨。故《魏书》为《勿吉传》，《隋书》为《靺鞨传》。而《北史》传云勿吉一名靺鞨。《太平寰宇记》载隋初靺鞨国有使来献，亦谓即勿吉也。南北殊译，实一国矣。尝以魏孝文延兴中遣使乙力支朝献。《册府元龟》载为五年时事。太和初，又贡马五百匹，自云其国先破高句丽十落，密共百济谋，从水道并力取高丽，来请其可否。诏三国宜共和顺，勿相侵扰。《册府元龟》只称二年朝献，殆即其年事。九年，复遣侯尼支朝献。十年复朝贡。十二年，遣使贡楛矢方物。十七年，遣使婆非等五百余人朝献。宣武帝景明四年，遣使俟力归贡方物。正始四年，贡楛矢。永平元年、二年、三年并遣使朝贡。四年及延昌元年，贡楛矢。其明年三月、七月、九月并朝献。四年及孝明帝熙平二年，贡楛矢。神龟元年、二年朝贡。东魏孝静帝天平三年朝贡。兴和二年，遣使石久云等贡方物。又三年，及武定二年、四年、五年迄北齐温公武平三年，并遣使朝贡。隋开皇初贡献，文帝厚劳之。《通考》称其国与隋悬隔，惟粟末、白山为近。唐贞观初，伯咄、安车骨入号室部，高丽破后并归渤海，其时惟黑水部全盛。玄宗开元、天宝间，拂涅入来献鲸睛、貂皮、白兔。自是部族、世次，史皆失纪。盖唐高祖武德以前，勿吉与靺鞨互称武德[10]，以后推黑水部为强，始专称靺鞨。而粟末部，自武后万岁通天以后，改称震国，又称渤海，无复知为勿吉矣。金景祖稍役属诸部，自白山之属以至五国之长皆听命。太祖败辽兵于境，使梁福、乌达喇招谕渤海人曰：女真、渤海本同一家，皆勿吉之部。故《北盟录》称女真所居之地，东濒海，南接高丽，西接渤海铁离，北近室韦。三国所谓挹娄，元魏所谓勿吉是也。世称女真兵满万不可敌。而诸史皆谓七部中黑水尤劲。天聪八年，太宗谕诸将之征黑龙江者，曰：兹地人民语言骑射与我国同，抚而有之，即皆可为我用，攻略时，宣告以尔我先世，本皆一国之人，载籍甚明，勿甘自外。是时已服满洲五部，长白山二部，扈伦二部继是复且征且抚，有东海三部及黑龙江之索伦等部。而黑龙江北之索伦、达瑚尔二部，与东北之鄂伦春，皆为黑龙江兵。自索伦骑射闻天下，编入旗之达瑚尔、鄂伦春等部，世皆索伦呼之。顾恭读高宗《实胜寺记》曰：凡行阵参伍弥缝之际，略觉鼓馁旗靡处，得健锐兵数十屹立其间，则整而复进，斩将搴旗，虽以索伦兵之驰突一往，而知方守节，终不如我满洲世仆其心定，其气盛。由乾隆以溯国初，我圣清出震方行，霆驱电扫，统壹区宇，八旗劲旅，超迈前古，炜矣哉。

## 百 济

辰国君长三，马韩最尊。三韩属国七十有八，百济最盛。系出东明，有尉仇台者，破于高丽。初以百家济号曰百济。为夫余种类。王姓夫余氏。《北史》误为余氏，承谬不改。王所都有东西二城，其民人多土著，地卑湿，率山居。东北至新罗，西渡海至越州，南渡海至倭国，北渡海至高丽。故兼有新罗、高丽、倭国人，亦间有中国人。有僧尼，多寺塔，而无道士。有鼓角、箜篌、笙竽、篪笛之乐。行宋元嘉历，以建寅月为岁首。刑律：叛逆者死，籍没其家。杀人者以奴婢三赎罪。官人受财及盗，三倍追赃，仍终身禁锢。国俗重骑射，爱坟史。晋文帝二十七年，表求《易林》《占式》及腰弩。梁武帝大同中，尝请给《毛诗》博士与《涅槃》等经义，仰慕华风也。晋、宋、齐、梁据江左，后魏宅中原，并遣使称藩，及唐益显，以至唐蹶而不振。晋简文帝咸安二年，拜百济王余句为镇东将军，领乐浪太守。孝武帝太元十一年，以百济世子余晖为镇东将军、百济王。安帝义熙中，以百济王夫余腆为使持节、督百济诸军事。十二年，以百济王映为使持节、都督百济诸军事、镇东将军、百济王。宋武帝继位，进大将军。文帝元嘉二年，以映爵号授百济王余毗。孝武帝大明二年，以其国行冠军将军右贤王余纪为冠军将军，行征虏将军左贤王余昆、行征虏将军余晕并为征虏将军，行辅国将军余都、余乂并为辅国将军，行龙骧将军沐衿、余爵并为龙骧将军，行宁朔将军余流、糜贵并为宁朔将军，行建武将军于西、余娄并为建武将军。如所请也。盖百济地广民稠，众建侯王，以酬勋懿，自是援为例。齐武帝永明八年，诏可。百济王牟大奏除授宁朔将军、面中王姐瑾假行冠军将军、都将军、都汉王，建威将军、八中侯余古假行宁朔将军、阿错王，建威将军余历假行龙骧将军、迈卢王，广武将军徐固假行建威将军、弗斯侯，又以行建威将军、广阳太守兼长史高达假行龙骧将军、带方太守，行建威将军、朝鲜太守兼司马杨茂假行建威将军、广陵太守，行宣威将军兼参军会迈假行广武将军、清河太守。并除牟大为使持节、都督百济诸军事、镇东大将军。策命袭其祖父牟都爵为百济王。是岁牟大遣将沙法名等袭破魏人之攻百济者，遣使以闻。假沙法名行征虏将军。迈罗王、赞首流为行安国将军、辟中王，解礼昆为行武威将军、弗中侯，木干那为行广威将军、面中侯，又以所遣使臣行龙骧将军、乐浪太守兼长史慕遗，行建武将军、城阳太守兼司马王茂，兼参军、行振武将军、朝鲜太守张塞，行扬武将军陈明，冒涉波险，并赐军号。齐武帝永明中，除牟大都督百济诸军事、镇东大将军、百济王。梁武帝天监中，为高丽所破，迁南韩，属弁韩地。普通二年，诏加其王余隆宁东大将军。五年以余隆子明为绥东将军、百济王。陈文帝天嘉三年，以其王余明为抚东大将军、临海王。终陈之世，朝贡不绝。百济自破于高丽，播迁削弱。高丽王钊当拓跋珪伯祖烈帝时，复与慕容氏相攻。建国四年，慕容元真伐之。钊单骑奔窜，为百济所杀。两国积怨连兵。北魏孝文帝延兴二年，其王余庆上表曰：臣与高句丽源出夫余，先世之时，笃崇旧款。其祖钊轻废邻好，亲率士卒，陵践臣境，臣祖须整旅电迈，应机驰击，矢石暂交，枭斩钊首。自尔以来，莫敢南顾。自冯氏数终，余烬奔窜，丑类渐盛，遂见陵逼，搆怨连祸三十余载，财殚力竭，转自屠践，若天慈矜恕，远及无外，速遣一将来救臣国。又云：今涟有罪，国自鱼肉，大臣强族，杀戮无已，是灭亡之期，假手之秋也。且冯族士马有鸟畜之恋，乐浪诸郡怀首邱之心。天威一举，有征无战，臣虽不敏，志效毕力，当率所统，承风响应。且高丽不义，逆诈非一。外慕隗嚣藩卑之词，内怀凶祸豕突之行。或南通刘氏，或北约蠕蠕，共相唇齿，谋陵王略。今若不取，将贻后悔。去庚辰年后，臣西界小石山北国海中，见尸十余，并得衣器、鞍勒，视之非高丽之物。后闻乃是王人来降臣国。长蛇隔路，以沈于海，虽未委当，深怀愤恚。陛下合气天地，势倾山海，岂令小竖跨塞天逵？今上所得鞍一，以为实验。报曰卿所送鞍，比校旧乘，非中国物。不可以疑似之事，以生必然之过。并优诏慰解之。然赐余庆玺书，终为高丽所阻。齐氏之擅有东夏也，其王余隆亦通使焉。余隆子余昌，武平二年，拜使持节、侍中、车骑大将军、带方郡公、百济王如故。二年又以余昌为持节、都督青州诸军事、东青州刺史。隋开皇初，拜上开府、带方郡公、百济王。余昌子余宣。余宣子余璋，唐高祖武德七年，封带方郡王，数请讨高丽。贞观初，诏使平其怨。寻与新罗有隙。子义慈立，与高丽连和取新罗四十余城。闻太宗讨高丽又取七城，久之又夺十余城。高宗永徽六年，复与高丽取新罗三十余城。显庆五年，命左卫大将军苏定方讨平其国。从子福信等，立故王子夫余丰。龙朔二年，郎将刘仁愿、带方州刺史刘仁轨，复大破之。丰走，不知所终。授所虏之夫余隆，为熊津都督，使归国平新罗故城。事载《旧唐书》。隆不敢归，寄治高丽。时百济荒毁，渐为新罗所据。其孙敬，武后朝袭封带方郡王，授卫尉卿。《旧唐书》《通考》皆称自此为新罗及渤海、靺鞨所分，百济遂绝。然《五代史》书后唐清泰三年正月，百济国遣使贡方物。《元史》书世祖至元四年正月，百济遣其臣梁浩来朝，赐以锦绣有差。由此知其支庶，世世保守海隅矣，何其久也。旧国属马韩，晋以后尽得马韩故地，兼有辽西、晋平二郡。自置百济郡。《宋书》言所治谓之晋平郡、晋平县，都城号居拔城。则百济郡即晋平，居拔城即晋平城也。马端临谓晋平在唐柳城、北平之间，实今锦州宁远、广宁之境。《一统志》谓居拔城在今朝鲜境内者，其即唐天监时破于高丽，迁居南韩之地耶？普通以后，累破高丽，斩其王钊，更为强国，号所治城曰固麻。《通考》云：南接新罗。《唐会要》云：东北至新罗。考百济之境，西北自今广宁、锦义，南跨海、盖，东南极朝鲜之黄海、忠清、全罗诸道，东西狭而南北长。故自柳城、北平计之，则新罗在其东南；而自庆尚、熊津计之，则新罗在其东北。又魏时与勿吉谋，并力取高丽，则东北亦邻勿吉。唐初复取新罗六七十城，其界益广。苏定方之伐百济也，济师自熊津口乘山大战，扬帆盖海，连舳入江，北趋其真都。熊津即汉江，在朝鲜国城南十里，则今朝鲜国城，亦百济之南界也。《北史》云：国有五方，方管十郡。《旧唐书》云：外置六带方，六方各管十郡，则为郡且五六十。苏定方所得仅三十七郡，未得者尚五分之二，必仍为余众所保，隔于渤海。契丹使命不通，无从纪载。至《太平寰宇记》云：旧有五部，分统三十七郡，二百城，七十六万户。据其始言之，亦尚未得其实。《隋书》云：其南海行三月，有躭牟罗国，南北千余里，东西数百里，为百济之附庸。当时国势强大如此。终守藩海外，远修贡职，封拜除授，必听命于中国，为累朝玺书所褒嘉，数求援乞哀，只空言抚慰，后乃与高丽通好，谋取党项城，绝新罗入朝之路。夫固有以启之，而自底于败亡。《易》曰：往厉必戒，终不可长也。然百济，亦声名文物之著者哉。

# 卷 二

## 新 罗

百济东南五百余里，有国曰新罗，初谓之新卢，或曰斯卢，其先本辰韩，辰韩始有六国，稍分为十二，新罗其一也。或言魏将毌丘俭讨高丽破之。高丽王奔沃沮，其后复归故国，留者遂为新罗焉。居汉乐浪郡，东濒大海，其人杂有华夏、高丽、百济之属，兼有沃沮、不耐、韩秽之地。其王本百济人，自海入新罗，遂王其地。初属于百济。百济伐高丽，民不堪役，相率归之，遂致强盛。袭灭伽罗、任那诸国，南北朝时渐著。然《宋书》犹无《新罗传》，附见《倭国传》中，曰元嘉二年，倭国遣使自称使持节都督倭、百济、新罗、任那、秦韩、慕韩六国诸军事。国小不能自通使聘。梁武帝普通二年，王名募秦始使使随百济奉方物。陈废帝光大二年、宣帝太建二年，皆入贡。《册府元龟》北齐河清四年，诏以新罗国王金真兴为使持节、领东夷校尉、乐浪郡公、新罗王。此新罗受封之始。《通考》隋文帝时，其王姓金，名真平，袭伽罗、任那诸国灭之。此新罗著姓之始。王以金姓相承，贵人姓朴，两姓相嫁娶，异姓不为婚。民无氏有名，其大较也。有城邑村落，王所居曰金城，周七八里，卫兵三千人，设狮子队。当秦苻坚时，楼寒遣使卫头朝贡。坚问：卿言海东之事，与古不同何也？对曰：亦犹中国，时代变革，名号改易，今焉得同。善于词令矣。蒙古语谓龙曰娄，寒即汗之音。王在本国称汗，至真平传世三十。先是百济伐高丽，诣新罗请救发兵，大破百济，因是每相攻伐。新罗得百济王杀之，怨由此结。唐高祖武德七年，册拜金真平为柱国，封乐浪郡王。新罗王卒，无子，太宗贞观五年，命其女善德为王，尝遣使上言高丽、百济累相攻袭，亡失数十城，乞偏师助援。赐高丽玺书不听，太宗将亲伐，诏集士马接应，遣其大臣领兵五万人入高丽，降其水口城。善德卒，立其妹真德为王。遣其弟相国伊赞子金春秋及其子文正来朝，授春秋特进、文正左武卫将军。春秋请诣国学，观释奠及讲论，太宗赐以所制《温汤》及《晋祠碑》，并新撰《晋书》。时贞观二十二年也。高宗永徽元年，大破百济，遣其弟法敏以闻。五年，真德卒，诏以春秋为王，加授开府仪同三司、乐浪王。百济与高丽、靺鞨侵其北界，攻陷三十余城，上表求救。显庆（一作明庆，一作光庆）五年，命苏定方为熊津道大总管，统水陆十万，讨平其国，渐有高丽、百济之地。龙朔元年，春秋卒，诏其子法敏嗣位，为开府仪同三司、上柱国、乐浪郡王、新罗王。三年诏以其国，为鸡林州都督府，授法敏为鸡林州都督。此新罗为鸡林之始。鸡林与今吉林音译、地理相符。是时北与靺鞨邻，故设都督府，俾王领之，以重其镇。辽宋以后，每以鸡林州称高丽。金元时，亦以鸡林郡公为高丽封号。盖新罗嗣王即世袭都督鸡林，遂为新罗通称。迨渤海盛而新罗偏安南境，又为高丽所并，故高丽亦袭是称。若王云之撰《鸡林志》，王熙、王煦之封鸡林郡公，非其旧地，而名仍沿之也。法敏卒，子政明立。政明卒，子理洪立。当武后天授三年，袭辅国大将军，行豹韬卫大将军、鸡林州都督。理洪卒，弟兴光立，袭将军、都督号。兴光卒，子承庆立，当玄宗开元二十五年。承庆卒，弟宪英立。宪英卒，弟乾运立。乾运卒，无子，其上相金良相立。当德宗贞元元年，授检校太尉、都督鸡林州刺史、宁海军使、新罗王。其年卒，良相从兄弟金敬信立。敬信卒，嫡孙俊邕立。册使未达，俊邕卒，子重兴立。重兴卒，其相金彦升立。当宪宗元和七年，授开府仪同三司、检校太尉、持节大都督鸡林州诸军事、宁海军使、上柱国、新罗王。彦升卒，嗣子金景徽立。当文宗太和五年，授开府仪同三司、检校太尉、使持节大都督鸡林州诸军事、充宁海军使、新罗王。自武德四年迄武宗会昌元年，颁赐朝贡，代不绝书。金法敏尝纳高丽叛众，略百济地守之。诏削官爵，以其弟右骁卫大将军、临海郡公仁问为新罗王，自京师归国。诏刘仁轨为鸡林道大总管，发兵穷讨。嗣遣使朝谢，仁问乃还朝辞王，复法敏官爵，则高宗咸亨三年至五年事也。后唐庄宗同光二年，明宗天成二年，长兴二年、四年，末帝清泰二年，皆入贡。爵名可考者：国王金朴英，权知国事金溥，使臣、仓部侍郎金乐，录事参军金幼卿，朝散大夫、仓部侍郎赐紫金岳，执事侍郎金朏，又林彦、张芬等。除授可考者：以权知康州事王逢规为怀化大将军；前登州都督府长史张希岩，知登州[11]后官、本国金州司马李彦谟并检校右散骑常侍。又以张芬为检校工部尚书，副使、兵部郎中朴述洪兼御史中丞判官，仓部员外郎李忠式兼御史。又以入朝使金朏为检校工部尚书。副使、司宾大卿李儒为将作少监。《五代史》称朴英、溥，世次立卒，皆失纪。自晋以后不复至。然其轶，犹时时见《辽史》及《契丹国志》中。辽并于中京大定府设朝天馆以待其使。考新罗故地，本与百济、高丽为邻。《通考》云：在百济东南，其西北界出高丽、百济之间。《唐书》《唐会要》言在百济东北。以《新唐书·高丽传》考之，高丽东跨海距新罗，南跨海距百济，西北渡辽水接营州，北接靺鞨。则自今奉天、辽阳，南至凤凰城，渡鸭绿江，至今朝鲜之咸镜、平安等道者，高丽也。自今开原、广宁、锦义、宁远，南至盖平、复州、宁海，又东南跨海，极朝鲜之全罗、黄海、忠清等道者，百济也。而新罗之境，东南兼有今朝鲜庆尚、江原二道，西北直至今吉林乌拉，又西近开原、铁岭，出高丽、百济之间。故百济之东北、东南皆相邻近，高丽介处其中。《通考》所云，亦在高丽东南。《奉使行程录》所云自咸州至同州（今开原、铁岭界），东望大山即新罗界。《辽志》所云海州（即今海城，始属百济，后为高丽所分，复入渤海，又归于辽）东界新罗是也。唐显庆、乾封以后，百济、高丽之地多入新罗，东西增九百里，南北增千余里，幅员益广。《唐会要》谓既尽有百济之地及高丽南境，东西约九百里，南北约一千八百里，而《旧唐书》云东西千里，南北二千里。《新唐书》云横千里，纵三千里。夫既并百济、高丽，无反狭于前之理，盖专指新辟之地言之也。西北为渤海、契丹所隔，必浮海往来，达其南境。故唐人篇什往往以海外称之。洎开元、元和之际，渤海愈盛，鸭绿江以北，皆渤海所有。《辽志》所谓渤海王大仁秀，南定新罗，开置郡邑是也。后唐清泰末，高丽复起，王建袭据新罗边邑，建都松岳。《元史》所谓在鸭绿江东千余里，非平壤之旧者是也。于是新罗所有，仅海城以东及朝鲜数道，非复唐时之境。而自五代至辽，传国依然不绝也。鸡林即吉林，吉林即满洲旧国。始祖所都之宁古塔在焉。所谓居俄漠惠之野者。乌拉在吉林，当满洲东北，今吉林将军治乌拉故城。城在盛京东北八百二十里，宁古塔西六百三十里，所辖东西四千余里，南北二千里，尽乌拉诸部故境。而乌拉当新罗极盛时，固接其西北矣。诸史又云：新罗始保沃沮。考《后汉书》《魏志》《通考》俱有东沃沮、南沃沮、北沃沮之文，无大君长，邑落各自有帅。而其地或在挹娄、夫余之南，或在邑娄之北，或属玄菟，或属乐浪，或属句骊，东滨海而南接涉。所载皆朝鲜、句丽及汉乐浪诸郡事，则沃沮者即今之窝集。盛京外东南北诸处，在在有之。新罗所保，据《毌丘俭传》，在肃慎界南千余里，当在今吉林乌拉之南，近长白山，其纳沁、库呼讷、纳噜诸窝集之地欤？山林盘亘，法令修明，道不拾遗，人娴书射。唐太宗赐新罗王书曰：具知卿二明庆祚，三韩善邻，时称仁义之乡，代著勋贤之业。文章礼乐，闻君子之风；纳款输诚，效勤王之节。固藩维之镇卫，谅中外之表仪。朕每晨兴仁念，宵旰待贤，想见其人，以光启沃。盖名闻中朝，自昔而著。其休忍、躭罗诸国，并为新罗所并。或曰遗址皆在今朝鲜南界云。

# 靺鞨

靺鞨者,古肃慎国也,后魏谓之勿吉。始见于南北朝,《北史》合勿吉为一传,隋唐专为《靺鞨传》。武德以后不复称靺鞨。北齐武成帝河清二年、三年,温公天统元年至四年,并朝贡。其地在营州东二千里,南与新罗接,西北与契丹接。编户十余万,兵数万人。先与契丹相攻掠。隋文帝谕其使曰:我怜念契丹与尔无异,宜各守土境。开皇三年、十一年、十三年,炀帝大业十一年,并来贡。与高丽战,频败其众。突地稽者渠帅也,大业中与兄瞒咄率所部内属营州。瞒咄卒,突地稽拜辽西太守,封夫余侯,亲来江都。宇文化及之乱,归柳城。唐高祖武德初,突地稽朝贡。以其部落置燕州,以突地稽为总管。刘黑闼之叛也,率所部赴定州,请授节度,以战功封耆国公。又徙于幽州之昌平城,会高开道引突厥攻幽州,邀击,大破之。太宗贞观初,拜右卫将军,赐姓李氏。子谨行,高宗麟德、上元间,累破吐蕃,以营州都督拜右领军大将军,积功授右卫大将军,封燕国公。上元二年,刘仁轨破新罗于七重城,以靺鞨兵浮海,略新罗南境。仪凤中,遣朝鲜郡王高藏、带方郡王夫余隆归辽东。高藏谋叛,与靺鞨结,召还,流邛州。其地没与新罗,余众散投突厥及靺鞨,夫余隆亦不敢归国,土地尽没与靺鞨。玄宗开元十年,其帅倪属利稽来朝,拜勃利州刺史。置黑水府,以部长为都督,赐姓李氏,名献诚,领黑水经略使。终玄宗之世,朝献者十五。代宗大历世七,德宗贞元世一,宪宗元和世再。然尝以兵十五万助高丽攻太宗,即安市城之役也,载《旧唐书·高丽传》中。《太平寰宇记》谓黑水西北有思慕靺鞨;正北微东十日程,有郡利靺鞨;东北十日程,有窟说靺鞨,亦谓之屈设;东南十日程,有莫曳皆靺鞨。今黑水靺鞨界,南至渤海国德里府,北至小海,东至大海,西至室韦。南北二千里,东西千里。("通考"略同)。初,太宗谓侍臣曰:靺鞨远来,盖突厥降朕所致也。亦见柔远之难,积以渐矣。五代,惟后唐庄宗同光二年、三年,黑水遣使者来。明宗天成四年、长兴元年,并朝贡。宋无闻焉。辽兴,太祖天显元年、太宗会同元年,复来贡。金亦无闻焉。或曰渤海盛强,黑水役属之故,朝贡遂绝。五代时,契丹尽取渤海地,而黑水附于契丹。在南者籍契丹,在北者不在契丹籍。考靺鞨先沿勿吉,只有七部。迫分部愈广,至有数十,最强者为粟末、黑水,粟末部大氏既兴,改称渤海。靺鞨自后魏以来,邑落各有君长,不相统一。其与隋唐使命相通可考者,如隋为渠帅突地稽,唐为渠长阿固郎,为拂涅靺鞨首领失异蒙,为越喜靺鞨首领乌施可蒙,为铁利靺鞨首领阅许离,又为拂涅部靺如价,为铁利部买取利,为越喜部茂利蒙,为铁利部可娄计,为黑水部倪属利稽，又为越喜部勃施计，为拂涅部朱施蒙，为铁利部倪处梨，又为铁利部渶池蒙，为越喜部努布利，为拂涅部鱼可蒙，为黑水首领屋作箇，又为铁利大首领封阿利，为越喜部苂利施，为拂涅部薛利蒙，为黑水大首领乌素可蒙、诸箇蒙、职纮蒙，又为铁利部米象及失伊蒙，又为越喜部首领聿弃计，为拂涅部首领兀异等，皆授官职。要皆一部一邑，即唐时都督、刺史之授，亦假借虚名，以通互市往来之便，实未有能统而一之者。后或分属契丹，犹然散处。而黑水一部在今萨哈连乌拉之境，唐时即已独盛，又自分为十六部。至五代时，改称女真，兼靺鞨诸部而有之。而完颜氏世君其地，未尝一日属契丹也。我太祖天命间，大兵曾一度黑龙江下游。太宗天聪九年，逾黑龙江收抚未服壮丁二千四百有奇，余丁七千二百。崇德五年，复俘其壮丁三千百有五十。五年，并征已降复叛之索伦博果木禽，其众九百余。于是直抵黑龙江北兴安大岭之麓，辽金部落，咸隶满洲矣。当渤海盛时，亦有侵并。如越喜故地之为怀远、宁远二府，领达、越等十三州；铁利故地之为铁利府，领广、汾等六州。而《辽地理志》载，新兴县本越喜国地。《辽本纪》载，铁骊国屡通贡使，至天祚不绝。是越喜入辽，而铁骊复自立国，迄于金世犹存。利与骊音同。《续通考》云不知其所自始，非也。虞娄，即挹娄转音。思慕等部，当在今黑龙江左右。至《唐书》言白山部分散入中国，而《辽志》有长白山女真三十部，盖金源盛时，始有统归，我朝龙兴乃编丁列校矣。

## 渤 海

渤海，本粟末靺鞨，姓大氏，始附高丽。唐李勣灭高丽，阻守挹娄之东牟山。其人亦散处中国，置安东都护于平壤以统之。武后万岁通天时[12]，契丹李尽忠叛，大氏乞乞仲象与靺鞨长乞四比羽度辽水，保太白山东北。唐右玉铃卫大将军李楷固讨尽忠余党，破乞四比羽。仲象与子祚荣拒楷固[13]。王师败，武后不能讨，尝封仲象为震国公，不受。及其子祚荣并比羽之众共四十万人复据挹娄故地，筑城东牟山居焉。直营州东二千里。尽得夫余、沃沮、弁韩、朝鲜、海北诸国，自号震国王。中宗朝，以为忽汗州都统，封渤海王。玄宗先天二年，册拜左骁卫员外大将军、渤海郡王。仍以所统为忽汗州，加授忽汗州都督。王都忽汗城，因河得名，今呼尔哈河。河源出吉林乌拉界，会毕尔腾湖，东流经故会宁城，北又九十里绕宁古塔城，南北流七百里，入混同江。《唐书》渤海上京，在忽汗河之东，为肃慎故地。《新唐志》自安东都护府，经盖牟城，又经渤海长领府，千五百里，至渤海王城，临忽汗海。其西南三十里，有古肃慎城。又自神州陆行四百里至显州，又正北如东四百里至渤海王城。《明一统志》亦言金灭辽设都于渤海上京。是忽汗城实与古肃慎城、金会宁城相近，俱在今宁古塔境，其北即黑水境。《辽史》当之以辽阳，误也。去靺鞨号专称渤海，盖自大祚荣封渤海王始。祚荣以骁勇、善用兵闻。玄宗开元七年卒，立其嫡子桂娄郡王大武艺，袭左骁卫大将军、渤海郡王、忽汗州都督。桂娄即挹娄也。十四年，黑水靺鞨遣使来朝，诏以其地为黑水州，置长史。武艺谓其属曰：黑水途经我境，今始与唐家相通，旧请突厥吐屯，皆即知同去，今不计会即请汉官，必是与唐家通谋，腹背攻我。遣母弟大门艺等，发兵击黑水。门艺曾充质子至京师者，谓武艺曰：黑水请唐家官吏，即欲击之，是背唐也。昔高丽全盛时，强兵三十余万，唐兵一临，扫地俱尽。今日渤海之众，数倍少于高丽，事必不可。累谏不从，间道奔唐，授左骁卫将军。武艺表诋门艺，请杀之。遣门艺暂往岭以报。武艺犹蓄怨，密遣使刺门艺于天津桥南门，不果。诏捕杀其贼。至子钦茂，天宝末，徙上京，直旧国三百里忽汗河之东。七传至仁秀，以知渤海国务，立为王。仁秀者，其四世祖野勃，祚荣弟也。仁秀能讨伐海北诸部，复辟境土，有功于渤海者。再传至大彝震，亦以权知国务，袭为王。其朝贡于唐。玄宗开元九年，迄武宗会昌六年。见《册府元龟》。五代自后梁太祖开平初，迄后周世宗显德初，皆遣使。物产与高丽同。契丹欲攻中国，患渤海在其后，欲击渤海，惧中国乘其虚。天成初，与后梁太祖通好，因攻渤海，取夫余城，以为东丹国。宋太宗既平晋阳，移兵幽州，渤海首领大鸾河率部族三百骑来归。以鸾河为渤海都指挥使。太平兴国六年，赐渤海乌舍城清渝府渤海王，诏曰：闻尔开国，爰从前代，本是大藩。而近年以来，颇为契丹所制，宜尽率尔部族来应王师，朔漠之外，悉以相与。六年上表云：定安国王乌元明言，臣本高丽旧壤，渤海遗黎，保据方隅，涉历星纪。顷岁，契丹入侵境土，攻破城寨，俘掠人民，臣祖考守节不降，与众避地，仅存生聚，以迄于今。而又夫余府昨背契丹，并归本国。灾祸将至，无大于斯。所宜率兵助讨，必欲报敌。其末题云：元兴六年月日上。辽太祖尝亲征渤海大谞谔，拔夫余府，围忽汗，破其城，改渤海为东丹，忽汗城为天福，夫余府为黄龙府。渤海世为辽重镇，然实屡降屡叛。《兵卫志》顾以为天显元年，灭渤海国，地方五千里，兵数十万，五京十五府六十二州，尽有其众，以其地建南京。辽阳府统县六，辖军府州城二十六，有丁四万一千四百。天祚之乱，聚族立姓大者，于旧国为王，金源兴，太祖讨平之。所迁民较契丹时益蕃，至五千余户，胜兵可三万人，其居渤海故地者，仍契丹旧，为东京置留守。有苏扶等州县。考渤海以粟末旧部，南并百济，北兼黑水，东穷海，西接契丹。幅员五千里，在东方最为大国。唐武后时建国，历后唐二百余年，官府制度灿然大备，世次传授，使命朝贡，载籍能详。惟《辽纪》称天显元年，太祖破忽汗城，获王大諲撰，遂并其地，改渤海为东丹国。而诸书皆云，取夫余一城以封托云。太祖既崩，渤海王复攻夫余，不能克，是諲撰尚在，而宋太宗有赐渤海王之诏。徽宗时，登州又有虑渤海作过，恐北海驰基岛孤立，请以末岛、呜呼岛为界，并钦岛添置戍兵之奏，则其国至北宋末犹存，契丹未能灭之。考之《薛史》及《册府元龟》諲撰既俘，统兵攻夫余城者，为王之弟，即《辽纪》所载渤海诸州为辽攻得者。惟忽汗城及西南二京，止南海一府。西京未得者，尚有东平、安远等六府。其东北之境并未属辽。即长岭、南海、鄚颉、定理诸府，亦屡平屡叛。圣宗十四年纪云：渤海征铁丽遣奚王讨之，不能克。二十年纪云：渤海来贡。是忽汗破后壤地与辽相接者，虽已入辽，而国人收合余部别自立王。故《五代史》《宋史》《宋会要》《通鉴》《通考》皆谓止取夫余一城也。《册府元龟》又有后唐遣人送渤海王宪归国之文，宪必王之子弟留中国者。长兴、清泰间，使命往来，则仍世君，其国以为辽所隔。石晋复臣于辽，不敢复至，情事可按也。五京十五府六十二州，见《新唐书》，以肃慎故地为上京，曰龙泉府，领龙、湖、渤三州。其南为中京，曰显德府，领卢、显、铁、汤、荣、兴六州。涉故地为东京，曰龙原府，亦曰栅城府，领庆、盐、穆、贺四州。沃沮故地为南京，曰南海府，领沃、晴、椒三州。高丽故地为西京，曰鸭渌府，领神、桓、丰、正四州；曰长岭府，领瑕、河二州。夫余故地为夫余府，常屯劲兵扞契丹，领扶、仙二州。鄚颉府，领鄚、高二州。挹娄故地为定理府，领定、沈二州。安边府，领安、琼二州。率宾故地为率宾府，领华、益、建三州。拂涅故地为东平府，领伊、蒙、陀、黑、比五州。铁利故地为铁利府，领广、汾、蒲、海、义、归六州。越喜故地为怀远府，领达、越、怀、纪、富、美、福、邪、芝九州。安远府，领宁、郿、慕、常四州。又郢、铜、涑三州，为独奏州。核之，州止六十。考《辽志》东京道有崇、集、麓三州，皆渤海所置，而《唐书》不载。又盖州亦渤海置，而《唐书》止载益州。盖本高丽之盖牟城，在今盖平境。益州为率宾故地，实属二州。则渤海州名固不止六十有二。《辽史》又云：唐元和时，渤海王大仁秀，南定新罗，北略诸部，开置郡邑。其见于志者，若龙河、会农、吉理、杉卢、沸流、铁利、安定、铜山、安宁诸郡。若银州之改为富州、盖州之改为辰州，皆《唐书》所未及。诸府州地，多在今吉林乌拉、宁古塔及朝鲜界。辽既未能全并渤海，多以所俘获散置他处，取渤海州邑之名，以名之。徒以侈大武功尔。语云"三人渤海杀一虎"，代多智谋勇力之士。如乌元明之不屈，著矣。太平间，大延琳于辽迁置东京之后，图恢宗国，杀其留守、驸马等，至身被禽虏而不悔。虽庸阘不及，此沈毅者顾为之，亡国之大夫，不可与图存，而志节皎然。愧人臣之甘心异姓者，未易以成败论也。

## 完 颜

高宗乾隆四十二年，以满洲与金之先同出肃慎部族，疆域皆同，谕廷臣曰：我朝在大金时，未尝非完颜氏之服属，犹之完颜氏在今日皆为我朝之臣仆。大哉皇言，普天率土，公义也。金国本名珠里真，后讹女真，或曰虑真。尝避契丹主宗真讳，更为女直，俗讹女质。《通考》：五代时，始称女真。据《大金国志》唐贞观中，靺鞨来中国，已闻女真之名。世居混同江东长白山下，南邻高丽，北接室韦，西界渤海，东濒海。即挹娄、勿吉、黑水靺鞨地，为渤海别族。或云本新罗人，号完颜氏。至太祖，以国产金及有金水源，故称大金。案太祖建国之诏曰：宾铁虽坚，终亦变坏，惟金不变。号大金，实取此。金色白，完颜氏亦尚白，完颜部有新罗王金姓，则远派承于新罗。初，完颜氏练于事，为众女真所推服，奉为首领。地饶山林，族帐散居山谷间，无城郭，以射猎为业。自哈富居布尔噶水之涯。布尔噶者，满洲语，丛柳也。生二子，长曰乌噜，次曰斡噜，遂为完颜部人。乌噜生雅哈，雅哈生苏赫，苏赫生实噜，实噜生呼兰，呼兰生三子，长曰和勒博，次曰富勒苏，次曰伊克，谓之伊克太师，能用众，遂强诸部。赋敛调发，刻箭为号，事急者三刻之。粟粥燔肉为食。中徙居海古勒水。海古勒者，蒙古语，行军殿后也。耕垦树艺，始有栋宇之制。凡四迁，定居于阿勒楚喀水之侧，后为上京故地，与今阿勒楚喀拉林河源相近。稍役属诸部，修弓矢，备器械。和勒博四子，长曰乌鲁斯，次即金太祖，次太宗，次曰赛音。当宋淳化时，众才万人，弓矢精劲，为灰城，淋水成冰，拒契丹，燔其积聚，设伏山林间，掩杀之。大中祥符三年，与高丽合拒契丹，大败其众。契丹患之，沿边设戍守，凡二千余里。天圣后，属契丹。世袭节度，东南有五节度，熟女真部共一万余户。地南北七百余里，东西四百里，西北至东京五百余里。又次东南至熟女真国，地东西八百余里，南北千余里。居民无首领统辖，至东京二百余里。东北至生女真国，居民、屋宇、耕凿、言语、衣装与熟女真同。盖居混同江南者，为熟女真，江北者为生女真。契丹虑女真难制，安巴坚诱豪右数千家处辽阳南，谓之哈斯罕。满洲语藩篱也。防闲之，使不得与本国往来。其隶咸州兵马司谓之辉发，其极远而野居谓之黄头。女真种有生熟，因有系籍、不系籍之异称。哈斯罕大王者，系籍也。不系籍者，亦间有节度、太师之号，所谓长白山太师、辉发太师是也。金景祖亦曾受辽太师之称，终不受印系籍，为辽所惮久矣。自始祖八世十帝至金太祖，应运造邦，灭辽臣宋，奇功伟绩，具详《金史》。此其开国时旧号也。

# 建 州

　　吉林为满洲旧国，始祖所都之宁古塔在焉。距肇祖降生，相距不过十世，与兴祖、景祖、显祖仍称宁古塔贝勒。而发祥之地，已迁盛京东境之兴京，旧名赫图阿拉，在苏克素护河、嘉哈河之间。西距盛京二百七十里，东距宁古塔千二百里。未得辽沈以前四世咸宅，即明之建州右卫也。《新唐书·渤海传》率宾故地为率宾府，领华、益、建三州。建州之名，始见于此。今吉林乌拉境。《辽史·营卫志》孝文皇太弟敦睦宫，以渤海建、沈、岩三州户置。属州三：建、沈、岩。此建州始迁在灵河之南也。《地理志》屡遭水患。圣宗迁于河北唐崇州故地。初属武宁军，隶永兴宫，后属敦睦宫。统县二：永霸、永康。此建州再迁在灵河之北也。灵河，以《元一统志》考之，即凌河者是。《契丹国志》节镇三十三处，有建州；《大金国志》刺史七十五处，有建州。金承辽旧，非渤海建州故地也。《元史·地理志》元初，北京路总管府领川、建等十州，至元七年，改北京为大宁，仍领川、建等州。元承辽金之旧，非渤海之建州也。《元一统志》海兰河，经故建州东南一千里入于海。混同江北流经故建州五十里，会诸水东北流经故上京，下达五国头城云。故建州盖渤海之旧，在金上京南者。金上京，自开原东抵宁古塔，自长白山北抵阿勒楚喀，地势广长。《金地理志》云：上京，山有长白、青岭，水有阿勒楚喀、混同江、拉林河，皆在今吉林境。又云：东至呼尔哈路六百三十里，西至肇州五百五十里，东南至海兰路一千八百里。呼尔哈河在宁古塔城旁，海兰河在宁古塔城南四百十里。据四至以求其中，则金上京正在今吉林城东北，阿勒楚喀河旁。而渤海之建州，东去松花江北之所五十里，东南去海兰河一十里，亦在吉林境。又案《大清一统志》海兰河有五，皆在宁古塔、吉林境。一入呼尔哈河，三入混同江，皆去海远。惟在宁古塔城南四百一十里，源出无名山者，东流会布尔哈图河入海。《元志》所云海兰，即指此也。明永乐二年，置建州卫，十年置建州左卫。宣德七年，置建州右卫。溯建州自置于渤海，本在今吉林境。辽一移再移，金元相承，置节度刺史。而建州遂在今锦州边外喀拉沁、土默特之间。大抵东土州郡名，多始于渤海而移于辽。《辽志》所载，袭渤海之名而易其地者，十有七八。如率宾府，辽迁其人户于今广宁，谓之率宾县。而其故地仍有率宾府在涑州定理府之间。涑州以涑沫江名。定理府，据《一统志》为兴京，而率宾府地与相连，则所领之建州，即国初所统之建州也。以《元一统志》考之，其只称建州者，属兴中府，在凌河南北，明属乌梁海。其称故建州者，近混同江北流之所，即渤海旧置，明初以名卫。赫图阿拉兴京，实右卫地。当明万历时，今盛京、吉林、黑龙三将军所辖境内，满洲国分部五：曰苏克素护河，曰浑河，曰完颜，曰栋鄂，曰哲陈。长白山国分部二：曰讷殷，曰鸭渌。东海国分部三：曰窝集，曰瓦尔喀，曰库尔喀。呼伦国分部四：曰叶赫，曰哈达，曰辉发，曰乌拉。各自雄长，互相凌暴。呼伦四部乌拉在吉林，当满洲东北。辉发、哈达、叶赫在兴京北，为明海西卫。东海三部在宁古塔东，为明野人卫。而满洲五部，长白山二部，则皆建州卫。我太祖以万历十二年，攻栋鄂部之翁鄂洛城。十三年，攻浑河部之界藩城、栋嘉城、萨尔浒城。十四年，攻苏克素护河部之瓜尔佳城，浑河部之贝珲城，哲陈部之托摩和城，皆克之。十五年，攻哲陈部，克二城。十六年，复克完颜部，环境五豪部皆服，乃全有建州。以其土产东珠、人参、紫貂、玄狐、猞猁狲，与明市于抚顺、清河、宽甸、瑷阳四关。兵食日以强富。由是，海西、东海诸国，咸隶版图。东极使犬、诺罗诸部，罔不率先臣服。西至辽，南至朝鲜，东至海，北抵黑龙江。而我太祖高皇帝，以明万历四十四年为天命元年，受覆育列国英明尊号，建国曰满洲。继而太宗文皇帝，以天启七年为天聪元年。明辽东巡抚袁崇焕亦遣使贺即位。声威所及，无征不服，景命遂集于我世祖章皇帝，定鼎燕京，统御华夏。然则巩亿万年有道之图者，讵不以建州为岐、邠、丰、镐之造基哉！尝论陪都重地，神皋奥区。自神鹊下降，鹡鸰东集（天聪七年八月，鹡鸰群集辽东，国人皆曰，辽东素无此鸟，今蒙古之雀来，必蒙古归顺之兆。明年，察哈尔额哲果来降。色淡黄，形如鸽，爪如人足而有毛。即《唐书》所谓突厥雀），藩封万里。隶理藩院者，部落二十有五，旗五十有一。星罗棋布，拱卫森严矣。海道接直沽，达登莱，以市舶至者，或惟货贿是迁也。而襟带黑水，项背白山，其与喀尔喀分大兴安南北以为邻。立盟约，纪界碑，庙谟深远，世守勿替矣。

# 卷 三

## 建 置

疆理沿革，代有歧称，详近略远。靺鞨已上，志其国部。大氏兼并，设京统府领州，间亦县名可考。契丹侈张，金元省置，明备外障，卫所城站，略按方位，山川道里，灿然罗列。考诸国史，渤海国境曰忽汗州、忽汗城。上京龙泉府，龙州、湖州、渤州。中京显德府，卢州、显州、铁州、汤州、荣州、兴州。东京龙原府，庆州、盐州、穆州、贺州。南京南海府，沃州、晴州、椒州。西京鸭渌府，神州、桓州、丰州、正州。长岭府，河州。夫余府。鄚颉府，高州、安宁郡。定理府，定州、沈州。安边府，安州。率宾府，益州、建州。东平府，蒙州、沱州、东平寨。怀远府，富州、美州、福州。铁利府，广州、蒲州、义州、归州。安远府，宁州、慕州。郿、铜、涑三州。盖州、崇州、集州、麓州。案《唐地理志》李勣平高丽国，得城百七十六，分其地为都督府九，州四十二，县一百。置安东都护府于平壤城以统之。用其酋渠为都督刺史、县令。上元三年，徙辽东郡故城。仪凤二年，又徙新城。圣历元年，更名安东都督府。神龙元年，复故名。开元二年，徙于平州。天宝二年，又徙于辽西。故郡城至德后废。

渤海所置，共五京十五府六十二州。其安东府所治辽东故地，据贾耽所记，建置无闻。《辽史》谓，东京州县皆渤海之旧。未然也。《满洲源流考》核其入辽，仅属东北地界。曰上京长春州，东京辽阳府，开州、定州、保州、辰州、卢州、来远城、铁州、兴州、汤州、崇州、海州、渌州、桓州、丰州、正州、慕州、显州、宗州、乾州、贵德州、沈州、集州、广州、辽州、遂州、通州、韩州、双州、银州、同州、咸州、信州、宾州、龙州、湖州、渤州、郿州、铜州、涑州。率宾府、定理府、铁利府、安定府、长岭府、镇海府、冀州、东州、尚州、吉州、麓州、荆州、懿州、媵州、顺化城、宁州、衍州、连州、归州、苏州、复州、肃州、安州、荣州、率州、荷州、源州、渤海州、宁江州、河州、祥州。辽营卫袭旧名，迁新户，存而实湮，繁而实俭，件系綦难。金拓土渐雄，合部从省，曰上京会宁府，肇州、隆州、信州、夫余路、海兰路、率宾路、哈斯罕路、呼尔哈路、乌尔古德呼勒统军司、咸平路、咸平府、韩州。东京辽阳府，澄州、沈州、贵德州、盖州、复州、来远州。博索府。元则沈阳路、开元路。咸平府、海兰府，硕达勒达等路，肇州、博索府而已。肃慎以降，疆域涯涘，具在今兴京、吉林、黑龙江，迤及边外，跨有朝鲜境内。至若倭国在韩及带方郡东南大海中，去乐浪郡境及带方郡并一万二千里。史载，宋文帝元嘉二年，自称使持节都督倭、百济、新罗、任那、秦韩、慕韩六国诸军事，安东大将军。倭国王孝武大明六年，复自称使持节都督倭、百济、新罗、任那、加罗、秦韩、慕韩七国诸军事，安东大将军。倭国王夸诞不经，殊失事实，纪载从削。（案倭即日本，今其国叶苏海岛与黑龙江对岸，元嘉时未然也。）

　　古肃慎国，汉晋为挹娄，后魏谓之勿吉，隋曰靺鞨，唐有粟末靺鞨，大氏于此置上京龙泉府，国号渤海。其东北属黑水靺鞨，辽有女真诸部，后建国曰金。于故地置上京会宁府，及合懒、恤品、胡里改等路。元设领桃温、呼里改、斡朵怜、脱斡怜、孛苦江军民万户府，皆隶合兰府水达达等路。明初，属建州、毛怜等卫。入国朝，名宁古塔。

　　古肃慎氏地，汉晋为挹娄国地。后魏时始有黑水部，为勿吉七部之一。隋曰黑水靺鞨。唐时，黑水又分十六部。以南北为栅，南接渤海，西接室韦。开元中以其地为黑水州，寻又置黑水府。以部长为都督。渤海盛时，皆为所役属。辽平渤海，黑水复擅其地。其在南者，系籍于辽，在北者，皆不属籍。金时为蒲与路及肇州北境。元隶开元路。明初有黑龙江等五十八羁属都司统领。国朝设黑龙江将军。汉置玄菟郡地，后汉及晋因之。南北朝至隋入于高句丽。唐属安东都护，辽金为东京东界，明初置建州卫。国初，始祖居之。继及肇祖，历显祖，咸宅兹土。顺治五年，尊为兴京。汉时，置辽东、乐浪、玄菟三郡，多属奉天府治，东南及朝鲜界内地。唐封渤海，自僭置五京十五府六十二州。即今府治建定、沈二州，属定理府。辽置沈州昭德军与辽阳府属东京道，有开、辰、卢、铁、兴、崇、海、耀、嫔、贵德、集、广、银、同、咸、归、苏、复，凡十八州。金仍为沈州，与辽阳府及澄、贵德、盖、复五州并属东京路。元省州县，置沈阳路。明置沈阳中卫，与定辽中左右前后等十三卫，并属辽东都指挥使司。入国朝，天命十年，升为盛京。

　　朝鲜，周箕子国，汉初属燕，燕人卫满逐箕准自王。惠帝时，兼沙貊与高句丽、沃沮地，传及孙右渠。武帝元封三年灭，分置乐浪、临屯、玄菟、真番四郡。昭帝时，省临屯、真番二郡，入玄菟，徙居高句丽西北。其沃沮、沙貊分七县，辖以乐浪东部都尉。光武建武六年，省都尉，弃七县地。顺帝阳嘉元年，置玄菟郡屯田六部。汉末，夫余人高氏据其地，或曰即朱蒙，号曰句丽，以高为氏。历三国、南北朝，至唐永徽六年灭百济，以其地置熊津、马韩、东明、金涟、德安五都督府。总章元年，高氏灭。仪凤初，新罗据其地。开元后并于渤海大氏。天祐初，大氏㴲僧躬乂称王，遂有高丽故地。五代梁龙德二年，高丽人王建袭破躬乂。唐清泰末[14]，建又袭破新罗、百济，并其地。宋、辽、金、元皆内附朝贡。洪武间，李成桂立，改号朝鲜，王氏始绝。归国朝，其王仍为李氏。

朝鲜江原道治江陵府，本涉貊地，汉为临屯境。

朝鲜黄海道治黄州[15]，古高丽马韩旧地。

朝鲜全罗道治全州，本弁韩地，后为百济国。唐显庆五年，苏定方伐百济，禽其王，置熊津等五都督，后并于新罗。五代时，高丽兼有其地。

朝鲜庆尚道治庆州，本辰韩地，后为新罗国。

朝鲜忠清道治忠州，本马韩旧地。朝鲜平安道治平壤府，汉曰乐浪郡，后为高句丽所都。唐平高丽，置安东都护于此，后没于渤海。五代时，高丽复取之，为西京。元至元六年，其臣李延龄等以西京府州县六十六城来属，因改西京为东宁，升东宁路，元末复归于朝鲜。

秦辽东郡，汉置襄平县为郡治。晋为辽东国治。后燕至隋属高句丽，为辽东城。唐置辽州，复移置安东都护府于此。辽初，置东平郡，后升为南京改东京，置辽阳府，复置辽阳县为郡治。元初，置东京总管府，后改辽阳路，以辽阳县为路治。明初置定辽都卫，后改为定辽左、右、前、后四卫，东宁卫，自在州，中、左二千户所，左、右、前、后四千户所。入国朝，初设辽阳府，罢为辽阳县，改为辽阳州。

汉襄平县为辽东郡治，后汉、晋同。永嘉后，属慕容氏，后入高句丽。唐置辽州，后移安东都护府于辽东故城，复移于新城。《通志》相传今辽阳城西北隅，故定辽左、右、后三卫治，即其地。

汉襄平县地，渤海为东平寨。辽初，置同州军，曰镇东。后更名镇安军。治东平县，兼领永昌县，属东京道。金州废，县属咸平府，后改县曰铜山，元废。今开原县南，俗传铜馆驿，即古县址。

汉襄平县地，渤海置汤州。辽亦置州，治灵峰县，金废。在辽阳州西北。

汉平郭县属辽东郡，后汉因之。晋县省城存。贾耽曰：自安东都护府西南至建安城三百里，故平郭县也。渤海改为长宁县，辽曰兴辽县，属辽阳府，金废。

汉安市县属辽东郡，后汉及晋因之。入高句丽为安市城。

汉望平县属辽东郡，晋属玄菟郡，后废。金升梁渔务置县，属广宁府，元改望平军民千户所。后复为县，明初废。

汉辽队县属辽东郡，后汉省，晋废。渤海置永丰县。辽改仙乡县，属辽阳府，金废。

汉玄菟郡，武帝元封四年，开朝鲜地置。又置高句丽县为郡治。《吴书》玄菟郡治在辽东北，相去二百里，后废。故城在今兴京城北。

汉高句丽县为玄菟郡治，后汉因之。公孙度因旧名，移置玄菟郡于辽东东北二百里。晋因公孙氏置玄菟郡，仍置高句丽县。

汉玄菟郡所属高句丽，盖牟城地。唐置盖州，渤海初因之。又改辰州，辽升辰州奉国军，属东京道。建安县为州治。金初置曷苏路，改为盖州奉国军。元初省县，改盖州路，并为东京支郡，又为辽阳路。明初，置盖州卫，今为盖平县。

汉取王险城地，改置朝鲜县，为乐浪郡治。晋永嘉以后，没于高丽。

汉乐浪郡属长岑县地。渤海置崇州，辽为崇州隆安军，治崇信县，金废。今承德县东有崇信废县。

汉乐浪郡属有含资县，后汉因之，晋改属带方郡，隋名含资道。

汉乐浪郡属有吞列县，后汉省。

汉乐浪郡属有列口县，后汉省。晋复置，属带方郡。

汉不耐县属乐浪郡，为东部都尉治，后汉废。朝鲜咸镜道咸兴府北有不耐城。

汉乐浪郡属县有粘蝉，后汉曰占蝉，晋省。在平壤西南。隋大业中伐高丽，分军出粘蝉道，以汉县名。

汉乐浪郡属县有遂成，后汉、魏晋皆因之。隋大业中伐高丽，分军出遂成道，以汉县名。平壤南境，有遂成废县。

汉乐浪郡属有带方县，后汉公孙康分临屯、昭明二县，置带方郡。晋因之，后没于高丽。隋大业中伐高丽，分兵出带方郡。今平壤南有带方城。

汉乐浪郡属有增地县，后汉因之，晋省。隋大业中，伐高丽，分军出增城道，以汉县名。平壤南境有增地废县。

汉无虑县属辽东郡，后汉分属辽东属国，晋废。后魏为营州东境，唐置巫闾守捉城，辽置显州奉先军，治奉先县兼领山东县，属东京道。金升府，改军曰镇宁，隶咸平，旋废。隶东京后改府，治山东，县曰广宁，属北京路。元初，迁府治临潢，立总管府。后降为东京属郡，复分为广宁路。明改置广宁卫，后改广宁中护卫，又置中、左、右三卫。入国朝，改置广宁县，为广宁府治，后属锦州府。

汉临屯郡治东暆县，后郡废，县并入乐浪郡。后汉并废县。

汉居就县地属辽东郡，后汉省。晋复置，属辽东国。渤海置鸡山县，辽改鹤野县，属辽阳府。金因之，元废。明都司城西八十里，有鹤野废县。

汉安平县属辽东郡，后汉因之。入高丽为泊汋城。《唐志》安东府南至鸭渌江北泊汋城七百里，故安平县也。今故城在辽阳州城东。

汉真番郡治霅县，后亦并入乐浪郡。

汉镂芳县地，勿吉拂涅部，置东平府，领蒙州紫蒙县。后徙辽城，并入黄岭县，渤海复为紫蒙县。辽亦有紫蒙县，属辽阳府。金废。

汉昌黎县故地，辽置建州保静军。后迁于唐崇州故城。治永霸县，属中京道。金因之，以属北京路，元废。明为界外地，今属土默特右旗，在喜峰口东北。

汉辽东郡属置新昌县，后汉因之。晋亦为新昌县。咸和九年，徙新昌入襄平。金临溟县有镇，曰新昌，即废县。地在海城县东。

汉辽东郡属置沓氏县，后汉因之，晋省。在辽阳州界。

汉辽东郡属置险渎县，后汉属辽东属国，晋省。在今广宁县东南。《辽史》以集州为汉险渎县，非是。

汉辽东郡属置房县，后汉属辽东属国，晋省。

汉辽东郡北境，辽为上京道地，金属北京路，元属上都路，明为札鲁特所据。今札鲁特二旗，在喜峰口东北一千一百里。

汉辽东郡边境，后汉夫余、鲜卑地，南北朝、隋、唐为契丹靺鞨地，辽为上京东境及东京北境，金分属上京、北京及咸平路。元为开元路北境。明初，置福余外卫，以元后兀良哈酋领为都指挥，掌卫事，自立国曰科尔沁。今共六旗，在喜峰口东北八百七十里。

高句丽置丸都城，在朝鲜国城东北。高句丽置南苏城，唐显庆中，置南苏州，后废。高句丽置木底城，唐乾封时，置木底州，后废。百济都俱拔城，在朝鲜全罗道全州南。百济置周留城，在朝鲜全罗道全州西。百济置任存城，在朝鲜全罗道全州西。百济置真岘城，在朝鲜全罗道全州北。百济置加林城，在朝鲜全罗道全州西北。百济置熊津城，在朝鲜全罗道全州西北。百济置古泗城，在朝鲜庆尚道庆州西。百济置支罗城，在朝鲜熊津东。新罗置党项城，在朝鲜全罗道全州西。夫余国王城，渤海号夫余，辽改置龙州，又更名通州安远军，统安远、通远、归仁、渔谷四县。金州废，以三县并入归仁，属咸平府，元初废。吉林乌拉界归仁站即故县。

唐安东都护府属置定远府，府南置慈州府，西置泰州，其后废置不一，元皆因之。朝鲜平壤北，有定远城。

唐宣州属安东都护府，渤海时废。辽开泰三年复置，亦曰定远军。元亦曰宣州，属东宁路，领宁朔、群岛二镇，今朝鲜为宣州郡。

唐拔高丽白崖城置岩州，后废。辽复置岩州，治白岩县，属沈州。金省。

唐黑水州、黑水府，于商、周、秦为肃慎地。汉及隋属夫余界。渤海置夫余府，寻为上京龙泉府，黑水靺鞨时号熟女真。辽隶东京为龙州。金初建都于此，置会宁州，后迁都于燕，改此为会宁府，号上京。元初设开元、南京二万户府，改辽东路总管府，后改开元路。明洪武间废路，置兀者、野人、乞例迷、女直军民府，后废府置三万卫，又迁辽海卫于此。永乐中，置安乐、自在二州。今为奉天府开原县。

唐金州本汉玄菟郡地。晋至隋高句丽所属地。入渤海属杉卢郡，辽改复州化成县，金改苏州安复军，后改金州。元初属盖州路，后并入辽阳路。明改金州卫，领中、左千户所。入国朝，初隶海城县，改隶盖平县，今为宁海县。

渤海杉卢郡，辽置庐州元德军，治熊岳县，属东京道。金州废，以县属盖州。元废。今为熊岳堡，在盖平县西南六十里。

渤海上京龙泉府，直忽汗河东，本肃慎故地。金灭辽，于渤海上京地设都。《通志》在乌拉境内。据《大清一统志》当在宁古塔西南，与金上京相近。

渤海上京南为中京，曰显德府。唐赐名忽汗州，在吉林乌拉城东南。

渤海铁州，在朝鲜平壤西北。辽置铁州建武军，治汤池县，属东京道。金州废，以汤池县属盖州。元亦别置铁州，领定戎一镇，今朝鲜仍曰铁州。

渤海东京龙原府，本周涉貊，秦朝鲜，汉玄菟，晋平州，隋高丽庆州，唐安东都护所属地。辽改开州镇国军，治开远县，属东京道。金为石城县地，元属东宁路，明为凤凰城堡。奉天府东南四百二十里有凤凰城。

高丽于涉貊地置庆州。渤海为东京龙原府，都督庆、盐、穆、贺四州事。辽号开封府，开远军节度，更名开州镇国军，兼领盐、贺、穆三州。辽末入于高丽，或谓之蜀莫郡。郡在开州东。开州故城在朝鲜咸兴府西北。

渤海龙原府统县六，曰龙原、永安、乌山、壁谷、熊山、白杨。辽初皆废。朝鲜咸镜道开州西有熊山城，即渤海所置。渤海盐州亦曰龙河郡，统海阳、接海、格川、龙河四县。辽初，县皆废。盐州仍隶于开州，后没于高丽。朝鲜咸镜道开州西北有盐州城，即渤海所置。

渤海穆州，亦曰会农郡，领会农、水岐、顺化、美县四县。辽仍曰穆州，治会农县，隶于开州，后没于高丽。朝鲜咸镜道开州西南一百二十里有穆州城，即渤海所置。

渤海贺州，亦曰吉理郡，领洪贺、送诚、吉理、石山四县。辽县皆废，仍曰贺州。隶于开州，后没于高丽。朝鲜咸镜道开州境有贺州城，即渤海所置。

渤海南海府，于汉先属玄菟，后属乐浪。东汉置都尉，以封沃沮。魏属平州，晋及隋属高句丽，唐属盖州。及辽置海州南海军，属东京道。寻置临溟县，为州治。金改澄州。元省，属辽阳路。明置海州卫。今为海城县。

渤海晴州，辽置嫔州柔远军，属海州，金废。在海城县西北。

渤海椒州，故县五：椒山、貂岭、渐泉、尖山、岩渊。皆废。辽即椒州地置耀州，领岩渊县，隶海州，金废。今海城县西南六十里，有耀州故城，即辽所置。岩渊县在辽时，东界新罗。故平壤城，在县西南，东北至海州一百二十里。

渤海西京鸭渌府，领神、桓、丰、正四州，神鹿、神化、剑门三县。辽改置渌州鸭绿军，统宏闻、神乡二县，后废。平壤西境有渌州城，即辽所置。

渤海桓州，在渌州西南二百里，高丽谓其城曰中都。领桓都、神乡、㳠水三县。辽废县存州，仍隶于渌州。辽末，州废。平壤有桓州城，即辽所置。

渤海丰州，亦曰盘安郡，领安丰、勃恪、隰壤、硖石四县。辽废县存州，仍隶于渌州，后废。丰州有故城，旧志在渌州东北二百一十里。

渤海正州，本沸流国故地，尝为公孙康所并，亦曰沸流郡。辽因之，仍隶渌州，后废。渤海又于正州西七十里建东那城。辽亦因之，以属正州，后并废。

渤海夫余府，辽更名黄龙府。金改济州利涉军。元初属开元路，在今开原县境。

渤海本越喜靺鞨故地，置怀远府，治怀福县。辽置信州彰圣军，又改置武昌县，为州治，领武昌、定武二县，属东京道。金省定武入武昌，以州属上京道。元州县并废。明入于科尔沁，今属左翼右旗，所驻伊克唐噶里克坡，在喜峰口东北一千六十五里，《全辽志》自开原东北至信州三百十里。

渤海取越喜靺鞨地，置富州，属怀远府。辽改银州富国军，属东京道，治延津县，领新兴、永平二县。金废州，省延津二县入新兴，徙新兴治，故延津属咸平府。元省县，仍隶咸平。明改铁岭卫，领中、左、右三千户所，今为铁岭县。

渤海铁利府，本汉襄平县，后属高丽当山县地。辽初，迁渤海人居之，号铁利州。后以汉户置广州，治昌义县。金州废，改县曰章义，属沈州，元废。明为章义站，在沈阳卫西南六十里。

渤海本高丽铜山县地，置铜山郡，辽置咸州安东军，治咸平县。金初为咸平路，后升为府。元仍置咸平府。明改属铁岭卫。

渤海于挹娄故地置安定军，久废。辽建城，置双州保安军，治双城县，属东京道。金皇统三年，州废，以县属沈州。章宗时，县亦废。双州在铁岭城西。

渤海义州，本因唐地置，濒鸭渌江，后入于高丽。明朝鲜王李松走义州，请内属。在平壤西北四百二十里。

渤海集州，辽置奉集县，又置集州怀德军治焉。金废州，以县属贵德州。元废县。明为奉集堡。置铁场百户所，属铁岭卫。今承德县东南有奉集故城。

渤海因唐地置郭州，后属于辽。元亦置郭州，今为朝鲜郭山府。

辽本契丹地置长春州，属上京道。金降为县，隶泰州，明入于科尔沁。今左翼前旗。所驻伊克岳里泊，在喜峰口东北八百七十里。

辽本契丹地置泰州昌德军，属上京道。金因之，大定间废。承安二年，移州于长春县，以故地为金安县隶之。元为辽王乃颜分封地。明入于科尔沁，分与其弟为郭尔罗斯。入国朝共二旗，属科尔沁左翼。在喜峰口东北一千四百八十七里。

辽长春州北境，金泰州北边，元为辽王乃颜分封地。明入于科尔沁，分与其弟为杜尔伯特，为札赖特。入国朝并属科尔沁右翼。杜尔伯特驻多克多尔坡，在喜峰口东北一千六百四十里。札赖特驻土百新插汉坡，在喜峰口东北一千六百里。

辽平渤海置上京临潢府。金天眷元年，改为北京，天德三年，改北京为临潢府路。贞元元年以大定府为北京，后但置北京临潢路提刑司。大定后置路，并入大定府路。元尝迁广宁路，属临潢。今属巴林旗东北。

辽上京临潢府地，金大定后以并北京路。元尝迁广宁路，治其地。明初为兀良哈所封北境，后为巴林所据。入国朝为巴林二旗同界。右翼驻托钵山，在古北口东北七百二十里；左翼驻阿义图拖罗海又东北六十里。

辽上京道地，金属北京路，元属上都路及应昌路地。明为蒙古所据。入国朝为克西克腾一旗，驻吉拉巴斯峰，在古北口东北五百一十里（《唐志》有北口守捉。《金史》谓古北口曰留斡岭，满洲语作纽斡哩山，树苍绿色也）。辽于唐饶乐都督府地，置饶州匡义军节度（宋薛映记潢水石桥旁有饶州。唐于契丹尝置饶乐，今渤海人居之。《辽史》天庆五年二月，饶州古裕等自称大王，萧色拂呼讨之，为古裕所败，即其地）。属上京道。金为北京路地，元为上都路地，明初，以兀良哈部长置卫。入国朝为翁牛特二旗，在古北口东北五百二十里。

辽黄龙府北境，本鞨鞈地，金属上京路。元废。明入于科尔沁。即今右翼，所驻巴烟和邵地，在喜峰口东北一千二百里。

辽上京道西境，金为北京路西北境，元属上都路，明为蒙古所据。入国朝为阿霸哈纳尔二旗及阿霸垓二旗、蒿齐忒二旗地。阿霸哈纳尔在张家口东北六百四十里。阿霸垓在张家口东北五百九十里。蒿齐忒在独石口东北六百八十五里。

辽上京道南境，金属北京路，明及国朝为喀尔喀，所驻插汉河朔墩地，在喜峰口东北八百四十里。

辽上京道北境，金属北京路。元属上都路。明为蒙古所据。入国朝为乌珠、穆泰二旗地。在古北口东北九百二十三里。

辽中京大定府，金贞元元年更为北京留守司。元初为北京路总管府，至元七年改大宁路，二十二年改武平路，后复为大宁路，隶辽阳行省。明洪武中置大宁都指挥使司，二十一年改北平行都指挥使司。永乐中以赐三卫酋长。入国朝为喀喇沁，在喜峰口东北三百五十里。其大定府所领之神水、金源二县，在今锦州府境。神水县，本汉徒河县地。金皇统三年废为镇，大定二十九年复升为县。元废。

辽茸辽阳故城，置渤海汉户，建郡曰东平。天统三年，迁东丹国民居之，升南京城名天福。天显十三年，改东京府曰辽阳，明改建定辽城。辽阳本汉县，属辽东郡。后汉改属玄菟郡。晋废。

辽于辽阳府属置析木县，寻置铜州，广利军治焉，属东京道。金皇统三年废州。以县属澄州，元省。海城县东南四十里，有土堡。土人犹称析木城。

辽开州属东京道，置怀远县，为州治，本栅城地。高丽为龙原县，庆州治焉。渤海因之，辽初废，后复置。

辽开泰三年，取高丽保、定二州，仍置保州，治来远县，亦曰宣义军。金初以保州与高丽，即平安道安州。

辽怀化军，亦开泰二年置，隶保州。金初入于高丽，与安州相近。

辽取高丽治定东县之定州，仍曰定州，亦曰保宁军，金初入于高丽，仍为定州。西南与义州接界。

辽辰州属东京道，金改名盖州，属东京路。元因之，属辽阳路。明置盖州卫，属辽东都指挥使司。

辽因渤海沈州置沈州昭德军，属东京道。金仍为沈州。元为沈阳路，属辽阳行省，明置沈阳中卫，属辽东都指挥使司。

辽本熟女真地，置来远城，属东京道。金升为军，后又为州。元废。在凤凰城界。

辽因渤海置铁州地，改置铁州建武军，治汤池县。金初州废，以县属盖州。元省。《通志》盖城县东北六十里，有汤池堡。

辽兴州中兴军，治常安县，属东京道。金初州废改县，名曰挹娄，属沈州。明讹为懿路，城置左右二千户所。今为懿路站。

辽慕州，在渌州西二百里，本渤海安远府地改置。领慕化、崇平二县，属渌州，后废。

辽显州，世宗置，属东京道。金升为广宁府，属北京路。元至元中，分为路。明为广宁卫，属辽东都指挥使司，在广宁县城内。明又置广宁中卫，在城西门内。广宁左卫，在城内东北隅。广宁右卫，在城内西北隅。俱洪武二十七年置。初治大凌河，永乐元年徙此，今俱废。

辽置归义县，属显州。金省，在广宁县东北。

辽置辽西州阜城军，统长庆县，属显州。金废为辽西镇，属钟秀县。《全辽志》辽西镇在义州城东四十里。

辽显州东北三百里置原州，金废。辽显州东北二百五十里置渭州高阳军，金废。辽显州东北二百二十里置濠州，金废。以上三州地，皆今广宁县东北境。

辽置乾州广德军，以奉乾陵，属东京道，又置奉陵县，为州治。金州废，改名县，曰间阳，属广宁府。元初废县，立千户所。至元十五年，复立行千户所。后复置间阳县，明初县废，置间阳驿。辽东京道又有间州、顺州，皆废。

辽海北州广化军，世宗置，治开义县，属乾州。金州废，以县属义州。元省。

辽置永德县，属乾州。后更属霸州，寻置安德州化平军。金州废。后改县曰永德，属兴中府。元废。

辽奉先县地，金天会八年，改置钟秀县，属广宁府，后废，寻复置。元至元六年省，入望平县。广宁城西南三里有钟秀故城。

辽置贵德州宁海军，又置贵德县，为州治。金因之，元废。《方舆纪要》在沈阳卫东八十里。

辽置奉德县，在贵州东，属贵德州。金废。

辽初置三河县，后改乐郊县，为沈州。金因之，后废。元初为沈州，后属辽阳路。本挹娄国地，承德县治有故城。

辽辽州为始平军，治辽滨县。初置县，又置州。金州废，以县属沈州。元并废县。《通志》在承德县西北一百八十里，辽河西岸。今有辽滨塔，为承德、广宁交界地。

辽韩州，圣宗置，属东京道。金因之，属咸平路。元废。今盛京开原边外，科尔沁左翼东南四百七十里阿拉马图城，即韩州城故址。

辽于鸭子、混同二水间，置宾州，属东京道。本渤海城地，寻曰怀化军。金省。

辽率宾府，本渤海率宾府地。金海陵置节度使，名速频。《金史·地理志》

作恤品路。元废。

辽懿州，初隶上京，曰庆懿军，改为广顺军，寻为宁昌军兼领顺安县，后改属东京道。金初隶咸平府，后改属北京路。治顺安县，兼领灵山县。元初为懿州路，后降为东京支郡，省县入州，属辽阳路。明初置广宁后屯为卫，及徙卫治，义州废为界外地。入国朝，置杨柽木牧厂，在盛京锦州府广宁县北二百一十里，彰武台边门外。

辽置宁昌县为懿州治。金徙州治，以宁昌并入顺安。辽初置白川州，后曰川州长宁军，领宏理、咸康、宜民三县。金初因之。大定六年，废川州为宜民县，属懿州。承安二年，复置川州，泰和四年，仍罢州，以宜民县属兴中府。元复曰川州，属大宁路，明初废。

辽成州兴府军，初曰长庆军，属上京道，后更名属中京道，治同昌县。金州废，初以县属川州。大定六年，属懿州。泰和四年，改属义州。元省。

辽置衍州安广军，又置宜丰县，为州治，属辽阳府。金州废。为乃颜分封地，以县属辽阳府。元初，县废。明都司城西南一百里，有宜丰废县。今科尔沁右翼后旗驻恩马图坡，在喜峰口东北一千四百里，即衍州地。

辽初置归州，后废。统和十九年复置，治归胜县。金州废，县降为归胜镇，隶复州。今盖平县西南九十里，有土堡曰归州城。

辽置苏州安复军，兼置来苏县，为州治。金州废。改置化成县，隶复州，复升为金州。元废。明置金州卫。

辽置怀化县，属苏州。金省。《汉地理志》高句丽县有南苏木城。《辽地理志》谓苏州，本高丽南苏。

辽复州怀德军，隶东京道，以永宁县为州治，本汉玄菟地。金降军以州为刺史，改永宁为永康。元属盖州，后入辽阳路。明设复州卫，属辽东都指挥使司。国初裁卫，改隶盖平。今为复州。

辽肃州信陵军，治清安县，属东京道。金州废，县属咸平府。元废。今清安废县在开原县东北。

辽海州属东京道。金改名澄州。元省。明置海州卫，属辽东都指挥使司。

辽宁江州，亦曰浑同军。领浑同县，属东京道。金废。

辽宁江州境出河店地，金置肇州，治始兴县，又置武兴军，金末废。故城尚在白都讷城南。其宁江州故址，旧布占太贝勒居此。国朝康熙四十二年，于旧打牲乌拉城东，改新城，隶永吉州，在吉林乌拉北七十里混同江东。

辽祥州在宾州西南，置祥州端圣军，统怀德县，属黄龙府。

辽威州在宾州南，亦曰武宁军，属黄龙府。

辽黄龙府，太祖置，属东京道。金改名隆安府，属上京路。元初置开元路，后废。

辽檀州，置密云县，后改州为祺州佑圣军。县曰庆云。金州废。县属咸平府。元置辽阳路，废县为庆云驿。

辽本唐瑞州废地，置来州归德军，治来宾县，属中京道。金改宗州，又改县曰宗安。后以避讳复改瑞州，县曰瑞安。元省县入州，明改置广宁前屯卫。西至山海关六十里，南至海二十里，北至边二十五里，西北至大宁卫三百七十里，属辽东都指挥使司，今并入宁远州。

辽本慕容西乐县地，置永乐县，为锦州治。金因之。元省县入州。今为锦县治。

辽置安昌县，属锦州。金因之，元省，在锦县西。

辽本汉徒河县地，置神水县，属大定府。金废为镇，大定二十九年，复升为县。元废，在锦县西北。

辽本慕容集宁县地，置隰州平海军，又置海滨县，为州治。金初封辽主天祚为海滨侯。后州废，以县属瑞州。元省。明初置山海关东递运所，在宁远州西南前屯卫城西。

辽置严州保肃军，治兴城县，属锦州。金州废，以县属兴中府。元省。在宁远州南。

辽置宜州崇义军，又置宏政县，为州治，属中京道。金改名义州，属北京路。元省县入州，属大宁路。明置义州卫及广宁后屯卫，属辽东都指挥使司。今为义州治。

金上京路即海古地，初置会宁州，后以建都升为会宁府，置会宁县，为府治。《通志》宁古塔西南六十里，虎儿哈河南古大城，即遗址。

金会宁府属，大定七年置镇东县，以地在会宁府之东，故名。寻改曰曲江。元初废。在故会宁城东北。据《大清一统志》宁古塔城，正当虎尔哈河弯曲处[16]，疑即曲江县地。

金会宁府属宜春县，亦大定七年置，元初与府俱废。

金本靺鞨地置肇州，隶会宁府。海陵时，改属济州。承安三年升为节镇，名武兴，领始兴一县。元为乃颜分封地。明入于科尔沁，今右翼前旗驻席喇布尔哈苏，在喜峰口东北一千三百五十里。

金以徽川寨置徽川县，属川州。泰和四年州废，县亦罢。有徽川城，在川州西，今土默特界。

金置石城县，属辽阳府，为东京路所领。元省，今辽阳州东有石城废县。《通志》云，金初分岩州地为石城县。

金初分混同江以西为咸州路，后为咸平路。天德二年，升为咸平府，领韩州。即今开原地。

金以乌速、集平、郭林河间六百里地，置玉山县，属咸平府。后升为州。金州废。

金置荣安县，属咸平府。元废。在今开原县西辽河边岸。金置合懒路，亦曰曷懒。西北至上京千八百里，东南至高丽界五百里。元废。

金胡里改路，初置万户，海陵改置节度。承安三年，置节度副使，元置胡里改军民万户府。

金婆速路统军司置总管府。元初为婆娑府路（讹速为娑），即博索府路。又改隶东京总管府，后废为巡检司。志在都司城东四百七十里。

金本唐黑水靺鞨黑水府地，置蒲与路。元废。

元本唐安东都护府地，辽金东京辽阳地，初置东京总管府，后改辽阳路，为辽阳等处行中书省治。明改置定辽左、右、前、后四卫，并为辽东都指挥使司治。又有东宁卫、自在州，皆治焉。

元本辽东京道咸州地，金咸平府路地，仍置咸平府。初属开元路，后属辽东宣慰司。

元本辽中京道锦州地，金北京路锦州地，仍置锦州，属大宁路。

元初置和州，属大宁路，后并入利州，为永和乡。利州在今边口外，和州在宁远卫北一百二十里。

元初以高丽降民散居辽阳沈州，置军民万户，侨治辽阳故城。中统二年，改安抚高丽军民总管府，四年，又置安抚高丽军民总管，分领二千余户，治沈州。元贞二年，并为沈州等路总管府。仍治辽阳故城，与辽阳路并隶辽阳等处行中书省，即沈阳卫治，在盛京城内东南隅。

元本辽广宁府地，置广宁府路。初移治临潢，立总管府。至元八年，降为属郡，十五年复分为路。

明置定辽都卫，后改辽东都指挥使司。在今辽阳州城内。

明置沈阳中卫，领蒲河中左千户所及抚顺千户所，卫地在今盛京城内。抚顺城在承德县东八十里，蒲河城在县北四十里。

明置定辽中卫，在辽阳州城东南隅，俗名高丽营。明置千户所，后升为定辽左、右、前三卫，俱在辽阳州城内。前卫即大氏渤海城。

明初置辽东卫，治得利嬴城。寻改定辽后卫，徙治今辽阳州城内。

明置东宁卫，辖六千户所，在辽阳州城内。

明罢辽海卫，初治牛家庄，后徙治今开原县城内，故三万卫治东北。

明初改元锦州置卫，初治东关驿，后移置广宁中屯卫。领五千户所，在锦州府城内。

明初置广宁左屯卫，在故中屯卫治西，领五千户所。明初置广宁后屯卫，治旧懿州，后徙治今义州城内。

明本元间阳县临海乡地，置广宁右屯卫于十三山堡，寻葺公主寨故址为卫治，国朝并入锦县。

明宣德三年，置前屯卫中后千户所，宁远州西南八十里有中后所城。

明宣德三年，置前屯卫中前千户所，宁远西南一百六十五里有中前所城。

明宣德三年，置中右所，宁远州西南三十里有中右所城。

明宣德三年，置中屯千户所于松山堡，属广宁中屯卫。有城在锦县南十八里。

明宣德三年，置宁远中左千户所于塔山堡，今所废。有城在锦县西南六十里。

明于今宁远州城内曹庄汤池北置宁远卫，统五千户所，兼领中左千户所、中右千户所。

明正统四年，调铁岭卫中左千户所于范河所。有城在铁岭县西南三十里，今废。

明初置义州卫于十三山，寻移治义州。为今城守尉治。在义州城内。

明初置建州卫，国初名赫图阿拉，后建国号满洲。

# 卷 四

## 考 证

夫余居泷地，其旧国为豆莫娄。勿吉常轻豆莫娄诸国。《通考》豆莫娄国在勿吉北千里，旧夫余也。室韦之东至海，方二千余里。其人土著，有居室、仓库。多山陵广泽，于东彝之城，最为平敞。宜五谷，不生五果。其人长大，性强勇，谨厚，不寇钞。其君长，皆以六畜名官。邑落有豪帅。饮食亦用豆，有麻布。衣制类高丽而帽大。其国大人以金银饰之。用刑严急，杀人者死，没其家人为奴婢。性淫，尤恶妒者。杀之尸于国南山上至腐。或言泷貊之地也。《高丽记》云，分前汉乐浪、玄菟郡之地。自后汉及魏为公孙氏所据。至渊灭，西晋永嘉以后，复入高丽。其不耐、屯有、带方、安市、平郭、安平、居文、龙城，皆汉二郡之属县。分则朝鲜、泷貊、沃沮之地是也。

魏齐王正始六年，不耐泷侯等举邑降，四时诣乐浪、带方二郡朝谒，有军、政、赋、调，如中华人焉。《续通考》辽太祖天显元年，渤海既平，泷貊来贡。案魏幽州刺史毌丘俭击高句丽刊丸都山，铭不耐城而还。不耐城，今朝鲜咸兴城北。陈寿曰：汉武置乐浪郡。自单大岭以西为乐浪。自岭以东七县都尉主之；皆以泷为氏，即所谓不耐泷也。丸都山，汉时高句丽伊彝模尝都此，晋为慕容皝所据。

古朝鲜与高句丽为二：朝鲜，周箕子所封国。《汉地理志》乐浪郡，朝鲜是也。高句丽亦曰高丽，其祖朱蒙，建号年代不可考，谓本出夫余。《汉地理志》玄菟郡，高句丽是也。

《后汉书》高句丽在辽东之东千里，南与朝鲜、泷貊，东与沃沮，北与夫余接，地方二千里。多大山深谷，人随以为居。相传以为夫余别种，后世始并为一。宋乐史《太平寰宇记》述东彝犹朝鲜、高句丽并别。

沃沮即窝集，几暇《格物编》窝集东至海边，接连乌拉、黑龙江一带，西至俄罗斯，或宽或窄，丛林密树，鳞次栉比，阳景罕曜。如松柏及各种大树，皆以类相从，不杂他木。林中落叶，常积数尺许。泉水、雨水至此皆不能流，尽为泥淖，人行甚难。有熊及野豕、貂鼠、黑白灰鼠等物，皆资松子、橡实以为食。又产人参及各种药材，人多不能辨识者，与南方湖广、四川相类。案：凡山多林木者曰窝集。吉林乌拉城东南诸河，多于此发源。

《宋史》载定安国本马韩之种。《通考》纪定安国，宋开宝三年遣使入朝，太平兴国中，诏其国张犄角之势，同伐契丹。六年初，其王乌元明上表云云（文见前《卷二》）。乌氏为渤海著姓，详表中所叙，当即渤海旧臣不肯降辽者。高丽旧壤，在渤海为鸭渌府。夫余复归事，《辽史》未载。定安国即渤海余裔，非别有定安国也。

三韩之属，有休忍国。《通考》在新罗东。东晋时，服属于燕。苻秦灭燕，遂属秦。及苻洛以龙城叛，征兵于鲜卑、高句丽、百济、新罗、休忍诸国。其后并于百济。

《新唐书》唐龙朔三年，百济西部人黑齿常之来降。常之长七尺余，骁勇有谋略。案《旧唐书》列传：常之为百济达帅。苏定方平百济时，纠合遁亡依任存山自固，定方攻之不克，常之遂复二百余城。高宗遣使招谕，乃诣刘仁轨降，授左领军将军，后为燕然大总管。任存山有任存城，地属朝鲜，或作任孝，误。百济僧道琛、旧将福信等，立故王子夫余丰为王，与刘仁轨战，亦退保此山。在朝鲜全州西。

百济所治之晋平郡晋平县。《通考》在唐柳城、北平之间。《汉书·地理志》辽西郡柳城县西部都尉治。《十六国春秋》慕容皝，以柳城之北，龙山之南，福德之地也。使阳裕筑龙城，构宫庙，改柳城为龙城县。九年迁都龙城，十二年号新宫，曰和龙宫。《魏书·地形志》营州治和龙城，大延二年为镇。真君五年改置，领昌黎郡，治龙城县。八年，并柳城属焉。《隋书·地理志》辽西郡旧置营州。开皇初，置总管府，改龙城县为龙山。十八年，改为柳城。大业初，废置郡。《旧唐书·地理志》武德元年改为营州总管府。七年改为都督府。万岁通天二年为契丹李万荣所陷。神龙元年移府于幽州界。开元四年复移还柳城。八年又往就渔阳。十一年又还柳城旧治。天宝元年改为柳城郡。乾元元年复为营州，领柳城一县。室韦、靺鞨并在东北。远者六千里，近者二千里。西北与奚接界，北与契丹接界。《太平寰宇记》营州南至大海三百四十里，北至秦长城二百七十里，至契丹界湟水四百里，西南至平州七百。《辽史·地理志》中京道兴中府，本汉柳城县地，唐营州都督府，后为奚所据。太祖平奚，乃完葺柳城，号霸州彰武军。重熙十年，升兴中府，治兴中县。金因之。元至元七年，降为兴中州，属大宁路。《全辽志》兴中城在锦州境外一百六十里，今土默特右翼西一百里。锦州西北边外，大凌河之北有故城。金时所建三塔犹存，蒙古称三为古尔板，塔为苏巴尔汉，因名为古尔板苏巴尔汉城，即故柳城也。知柳城所在，即知晋平县之在锦州境矣。

《北史》有百济都俱拔城，亦曰固麻城。其外更有五方：中方曰古沙城，东方曰得安城，南方曰久知下城，西方曰刀光城，北方曰熊津城。唐显庆五年，苏定方下百济，留刘仁愿守百济府城，即俱拔城。

熊津江，源出金刚、五台二山，合流入海。江之南即百济国地。唐显庆五年，苏定方讨百济，自成山济海。百济据守熊津江口，定方击破之，直趋其都城，遂克之。置熊津都督府以守其地。龙朔初年，百济复叛，围百济府城，诏刘仁轨赴援，转斗而前，所向皆下。百济立两栅于熊津江口，仁轨击破之，府城之围遂解。仁轨因驻守于此，既而再破百济余众于熊津之东，复平百济。熊津江一名汉江。明万历中，李如松拔朝鲜，倭弃王城遁。如松入城，以兵临汉江，尾倭后，欲乘其惰归击之，不果。亦即此城。唐龙朔二年，刘仁轨即解百济府城之围，还军熊津城。有诏班师，仁轨曰：今以一城之地，居敌中央，动足辄为禽虏，正宜坚守观变，乘便取之，不可动也。于是出兵掩其支罗城，拔之，并拔其尹城、大山、沙井等栅。时敌以真岘险要，加兵守之。仁轨复伺其懈，引兵袭拔之，遂通新罗运粮之道。《唐书》支罗、真岘诸城，俱在熊津之东，今朝鲜全州北。

唐龙朔三年，百济故将福信等据周留城。刘仁轨既拔真岘，诸将以加林水陆之冲，欲先攻之。仁轨曰：加林险固，攻之不易。周留，虏之巢穴，宜先取之。遂定计自熊津进破百济之众于白江口，趋周留城，拔之。今周留城在朝鲜全州西，加林城在全州西北，白江在熊津东南，接大海，达全州西界。当仁轨趋周留城时，百济请援于倭。至白江口，遇倭兵，四战皆捷，焚其舟四百余，进拔周留，遂平百济。

唐析百济地，置金莲都督府。今独石口北故桓州地，有金莲川。《金史·世宗纪》大定八年，如凉陉改曷里浒东川曰金莲川。世宗曰：莲者，连也，取其金枝玉叶相连之义。《明一统志》金莲川在云州堡北，以产此花得名。然唐都督府名已取诸此。《元史》滦河源出金莲川中，其上都河之上流，亦即此水矣。今滦河，即古濡水。《汉书》《水经注》皆作濡，音乃官反。唐以来变文为滦，音同。或谓即古灅水，误也。土人呼滦河为上都河，以元上都在水北岸，故名。后以音同，又讹为商都。

《诸蕃志》新罗国与泉之海门对峙，俗忌阴阳家子午之说。故兴贩必至四明而后发。案：宋时新罗为契丹所隔，故由海道以至四明，与阴阳家之说无涉。

《高丽图经》高丽既并新罗，东北稍广，其西北与契丹接，昔与大辽为界，后为所侵逼，退保鸭渌以为险。《通考》高丽以新罗为东州乐浪府，号东京。二书所载，皆宋末高丽地。是时新罗北境属金，其南境属高丽。故高丽之东北稍广，而退保鸭渌亦始于此时。

《奉使行程录》自咸州九十里至同州，皆北行，东望大山。金人云：此新罗山，深远无路可行。深处与高丽接界。山下至所行路，可三十里。自同州府北七十里至黄龙府东行。案：辽之咸州，金为咸平府；同州，金为铜山县。皆在铁岭、开原之间。东至威远堡，即吉林界。南至奉天，即唐时高丽界。开原，即汉时夫余国界，百济之旧国也。《通考》谓新罗西北界出高丽、百济之间者，即指此。后皆并于渤海，是时犹属女真。

《元史·高丽传》东至新罗，南至百济皆跨大海。后辟地渐广，并古新罗、百济、高句丽三国为一。案：高丽所并实止二国东南之地，其西北诸境未属高丽。

新罗国连山数十里，有峡，固以铁阖，号关门，常屯弩士数千守之。其国东距长人。长人者，人类，长三丈，或搏人以食。见《新唐书》。

古耽罗国，亦曰儋罗国。《通考》居新罗武州南岛上。初附百济，后附新罗。唐麟德二年，遣使入贡，后为新罗所并。今朝鲜于南原府南海中置州，亦曰济州岛。《图经》济州即古耽罗国也。元大德五年，置耽罗军总管府。又沿海立水驿，自耽罗至鸭渌江，并杨村梅口，凡三千所。《续文献通考》耽罗，高丽与国也，元世祖既臣高丽，以耽罗为南宋、日本冲要，乃于至元十年，命将平之。即其地立耽罗国招讨司，屯镇边军千七百人。后改为军民府、达鲁花赤总管府，又改为军民安抚司。其贡赋进毛施布百匹。至元三十一年，高丽王以为言，遂复隶高丽。

唐龙朔初，百济复版，与刘仁愿等相持。诏新罗应援。新罗将金钦将兵至古泗，为百济所邀败，自葛岭遁还。今朝鲜庆州西有泗州城，或曰即古泗城。泗州相近有葛岭道。

唐上元二年，新罗拒命，遣刘仁轨讨之，大破之于七重城。诏以李谨行为安东镇抚大使，屯新罗之买肖城，以经略之。新罗屡败，乃遣使入贡，且谢得罪。二城并在朝鲜庆州北境。

《史记》秦修辽东故塞，至浿水为界。浿水亦曰大同江。汉初燕人卫满亡命，东走出塞，渡浿水，居秦故地上下障。稍役属真番、朝鲜、蛮彝及燕亡命者王之。元封二年，荀彘自辽东击朝鲜，破其浿水军，乃至王险城下。《地理志》乐浪郡有浿水县。浿水西至增城县入海。王险城在浿水之南也。隋大业八年，伐高丽，来护儿率江淮水军自东莱浮海先进，入自浿水，去平壤地六千里，寻为高丽所败，还屯海浦。唐龙朔元年，苏定方伐高丽，败其兵于浿水，遂趋平壤。

明万历二十一年，李如松援朝鲜，至平壤。倭悉力拒守。如松度地形东南并临江，西枕山陡立，惟迤北牡丹峰高耸，最要害。如松乃遣将攻牡丹峰，督兵四面登城，遂克之。既而如松驻开城，别将杨元军平壤，扼大同江以通饷馈。即浿水也。

汉乐浪郡属遂成县。后汉魏晋皆因之。隋大业八年伐高丽，分军出遂成道，即此。杜佑本《太康地志》说曰：碣石山在汉遂成县，秦筑长城起于碣石。其遗址东截辽水而入高丽。今考遂成废县在平壤南境。杜说误。

汉带方县，亦属乐浪郡。公孙康置带方郡，晋因之。后没于高丽。杜佑曰：后汉建安中，公孙康分临屯、昭明二县，以南荒地置带方郡。《汉地理志》注：乐浪郡南部都尉，治昭明是也。隋大业中，伐高丽，分兵出带方郡，即此。

唐乾封三年，李勣等伐高丽，别将薛仁贵克夫余城。高丽趋救，与李勣遇于薛贺水，合战，勣大破之，追拔大行城。旧志薛贺水出北山中，东南流入鸭渌江，今作萨贺水。大行城在咸兴府西南。

《唐黑水靺鞨传》开元十三年，其酋来朝，拜勃利州刺史，于是置黑水府，以部长为都督，领黑水经略使。其地南距渤海，北东际于海，西抵室韦，南北袤二千里，东西千里。《地理志》黑水州都督府，开元十四年置。《明一统志》黑龙江在开原城北二千五百里，源出北山。黑水靺鞨旧居此。

《唐黑水靺鞨传》粟末水注他漏河，又《流鬼传》那河或曰他漏河，东北流入黑水。以那河、他漏河为一水。案《北史·勿吉传》自洛环水北行十五日，至太岳鲁水，又东北行十八日到其国。又云太和初乙力支贡马，称初发其国，溯难河西上，至太沵河，南出陆行，度洛环水。据《大清一统志》云：那河即难水，今之诺尼江也。太岳鲁、太沵即他漏河，今之拖罗河也。古今名虽变易，音转自通。《旧唐书》室韦最西有乌素固部，与回纥接，当俱伦泊之西南。又云北大山外，曰大室韦，濒于室建河，河出俱伦，迤而东，合那河、忽汗河，又东贯黑水靺鞨，故靺鞨跨水有南北部，而东注于海。《地理志》回纥有延特勒泊，泊东北千余里，有俱伦泊，泊之四面皆室韦，今作枯伦河，亦曰枯沦湖。在齐齐哈尔城西北一千二百七十里，自西北境外肯特山南发源。东流为胪朐河，今曰克鲁伦河，流经千余里。至此及城西布伊尔湖流出之五顺河，二水交会，汇为大湖，周五六百里。又自湖东北流出，名额尔古纳河，与黑龙江合。唐谓之俱伦泊，明谓之阔滦海子。金幼孜《北征录》：阔滦海子有山如长堤以限水。遥望水如高山，但见白浪隐隐，此水周围千余里，斡难、胪朐凡七河注其中是也。

《魏书》勿吉国有大水阔三里余，名速末水。《旧唐书》粟末靺鞨依粟末水以居。水源于太白山，即今吉林乌拉城东南松花江也。志曰混同江。辽圣宗太平四年，诏改鸭子河曰混同江，混同之名始此。《地理志》上京路有混同江、宋瓦江、鸭子河。《通志》混同江即松阿里江也。一名鸭子河，一名粟末江，一名宋瓦江，一名松花江。松阿里、宋瓦皆俗名。宋瓦则松阿里音之讹也，松花即宋瓦字之变也。历代记载多舛。《辽史》即载改鸭子河曰混同江。《金史·世纪》云：混同江一名黑龙江。误合鸭子、混同、黑龙为一。《地理志》肇州始兴县有鸭子河、黑龙江。上京路有混同江、鸭子河、宋瓦江。误分混同、鸭子、黑龙为三，并析宋瓦为四。《松漠纪闻》《契丹国志》《大金国志》则云：黑水，其水掬之微黑，契丹目为混同江。又云长白山黑水发源于此。旧名粟末河，契丹改为混同江。误以混同、黑龙为一。《明一统志》既载松花江，复云混同江，在开原城北一千五百里，经金故会宁府，下达五国头城。又误以船厂城东之虎尔哈河为混同江也。一代之史，亦鸭子、混同错见。如辽天祚帝天庆二年正月书如鸭子河，二月书幸混同江。《地理志》亦云：宾州在鸭子、混同二水之间，又《金史》上京路总记有混同江、鸭子河，分纪会宁县有混同江，宜春县有鸭子河。官书失考，自昔而然。

《大清一统志》谓其先大小皆名鸭子河，及改为混同江之后，小水仍旧名，汇流处称混同耳。

《新唐书》渤海王城临忽汗海，即宁古塔城东南所濒之河，名虎尔哈者（虎一作呼）。

《大清一统志》谓唐时渤海上京，在忽汗河东，以道里计之，亦在今宁古塔。金谓金为按出虎。《金史》上京在按出虎水之旁。此河近绕古会宁城，亭榭遗迹，犹存水侧，明时谓之忽儿海河。《明一统志》忽儿海河在开原城东北一千里，源出潭州城东诸山，北流入松花江，《通志》误以为胡里改江。《金志》胡里改路西至上京六百三十里，其地与乌苏里江近。则乌苏里江即胡里改江，非虎尔哈河也。虎尔哈为忽汗之转音，金置呼尔哈路，明有虎尔哈部者，居虎尔哈河。我太祖于万历三十九年命额亦都攻其札库塔人[17]，克其城，俘斩三千，招降五百户。天命三年，其路长率百户来朝，遣二百人迓之，御殿赐宴，命愿留者左，愿归者右。赐愿留头目八人，男妇各二十，锦裘蟒服四时之衣、田庐、器贿咸具。于是争乞留，且转招其族属曰：上之征伐，非欲俘获充赏也，乃欲收我为羽翼也。天命四年，遣卒千，收其丁壮二千，其路长来降者，驾出城亲款之，列筵二百。男妇、牲畜、田庐、器贿，如前赐。崇德八年，遣阿尔津等征之，于黑龙江克三屯，招降四屯，获男妇大小二千八百余，牲畜、貂皮、虎豹皮称是。虎尔哈与渥集邻，其路人有杂其部中者，皆以次招还。《满洲氏族源流考》曰：自宁古塔东行四百余里，居虎尔哈河、松花江两岸者，曰诺雷部，即虎尔哈部。

《渤海传》上京南为中京，曰显德府，领卢、显、铁、汤、荣、兴六州。《地理志》自鸭渌江口，舟行百余里，乃小舫，溯流东北三十里，至泊汋口，得渤海之境。又溯流五百里，至丸都县城，故高丽王都。又东北溯流二百里，至神州。又陆行四百里，至显州。天宝中王所都。案：显州，即显德府。唐先天中赐名忽汗州是也。《辽志》谓即平壤城。考平壤城即王险城。应劭曰：箕子故都也。薛瓒曰：王险在乐浪郡，浿水之东。汉初，燕人卫满渡浿水，居上下障，都王险。武帝元封二年，其孙右渠拒命，遣楼船将军杨仆，自齐浮渤海。左将军荀彘出辽东诛之。取其地，改置朝鲜县、乐浪郡治焉。晋永嘉以后，没于高丽。义熙末，其主王琏居平壤城，亦曰长安城。隋大业八年，伐高丽，分军出朝鲜道即此。《隋书》平壤城东西六里，随山屈曲，南临浿水。开皇十八年伐高丽，命周罗睺将水军，自东莱泛海趋平壤，不能达而还。大业八年，诏左右各十二军，分道伐高丽，总集平壤。明年复遣宇文述等趋平壤，述不克至。《唐书》贞观十八年伐高丽，命张亮以舟师自海道趋平壤。明年，拔辽东诸城，攻安市未下。江夏王道宗请以精卒乘虚取平壤，既而降将高延寿亦请自乌骨城直取平壤，不果。龙朔初，命苏定方等讨高丽，进围平壤，不能拔。总章三年，李勣征高丽，攻其平壤，而高丽亡。杜佑曰：平壤即王险城也。五代时，王建居高丽，始谓之西京云，与显州无涉。《辽史》又以辽所置东京之显州，为本显德府地。《金史》广宁府本辽显州，不言迁置。《金志》谓所治之广宁县，本辽山东县。案：广宁县治有无虑故城。汉置县，属辽东郡，为西部都尉治，后汉属辽东属国。元初二年，辽东鲜卑围无虑。又阳嘉初，鲜卑寇辽东属国，耿晔屯无虑城以拒之。晋省。唐置巫闾守捉城，辽置显州奉先军，以奉显陵治奉先县，兼领山东县，今改山东县曰广宁县，为广宁府治。而《御寨行程录》言自广宁东行三十里，至显州，盖今广宁县城即辽山东县，金为广宁府及广宁县。其显州奉先县，当在今县西南，若渤海显德府，在渤海上京之南，今吉林乌拉南境也。《辽志》误。又案《汉地理志》：乐浪郡有浿水县，浿水西至增地县入海。《水经》谓浿水出乐浪镂芳县东南，过临浿县东入海。亦误。

渤海以涉貊故地为东京，曰龙原府，亦曰栅城府，领庆、盐、穆、贺四州。辽置开州镇国军，故县六，曰：龙原、永安、乌山、壁谷、熊山、白杨。叠石为城，周二十里。唐薛仁贵征高丽，与其将温沙门战熊山，禽善射者于石城，即此。盖在高丽为庆州也。辽太祖平渤海，徙其民于大部落，开州城遂废。圣宗伐高丽还，周览城基，复加完葺。开泰三年，迁双、韩二州千余户实之，号开封府。开远军节度更名镇国军，治开远县，兼领盐、贺、穆三州。《新唐书》云：龙原东南濒海，日本道也。其地在今朝鲜东界。明成化中，朝鲜使还，遇掠凤凰山下，奏乞更开贡道于旧路南。是在辽为开州，在渤海为龙原。

渤海以挹娄故地为定理府。《辽史》沈州本挹娄国地，渤海建沈州属于定理府，今为承德县。盖秦以前属肃慎。汉、晋迄唐属挹娄。睿宗时，属渤海大氏。《通志》载，承德县有奥娄河。注云：奥娄即挹娄。今之承德实辽沈州，为古挹娄无疑。《通志》又云承德、铁岭，汉晋间，同为挹娄国地是也。乐郊故城在焉。

承德、铁岭，晋以前同属挹娄，及隋、唐初，今铁岭地又属越喜。《明志》徙铁岭卫，置故嚚州地。即辽改渤海之富州为银州。银讹为嚚。

今开原县南至铁岭县界五十里，又东南至铁岭县六十五里，唐虞息慎氏地，商、周及秦肃慎氏地。汉属夫余界。隋因之。唐置黑水州都督府于此。后渤海取夫余地为夫余府，寻为龙泉府。辽属龙州。金置会宁州，升会宁府。元设开元万户府，改开元路。明改元为原，复废开原路，置三万卫。三万卫在今开原城内。据《后汉书》挹娄在夫余东，今铁岭西北，正届开原。开原古夫余，铁岭古挹娄也。

渤海以沃沮故地，为南京南海府。辽置海州南海军。《辽志》海州本沃沮国地。《后汉书》云：东沃沮在高句丽盖马大山之东。《通志》盖平县，古盖平城。《汉书》高句丽有盖马大山。《地理志》西盖马属玄菟。唐之盖牟城即汉之西盖马。据《大清一统志》海城西南隅至盖平六十里，以盖平为古盖马，海城为古沃沮。《通志》亦云海城县有沙卑城，高丽置故沃沮地也。又云：渤海南京叠石为城，幅员九里，渤海大氏所建，在今海城县界。沙卑城亦曰卑沙城，或讹为卑奢城。

唐太宗征高丽，取盖牟城，置盖州。见《旧唐书》。后入渤海，改唐之盖州为辰州。辽升渤海之辰州为奉国军。其地周属朝鲜，秦为燕人卫满所据。汉属玄菟，魏属平州，晋及隋属高句丽，为盖平城地。《新唐书》引贾耽言，盖平城在安东都护府东北，则属今辽阳县。据《通志》于汉属玄菟，古迹门载，王莽玄菟亭，在盖平境内。是盖平城即今盖平县。

辽辰州奉国军，治建安县。金初尝置曷苏馆于此，本高丽盖牟城，唐太宗命李勣攻盖牟城即此。《通志》所云：辽以通辰韩，设辰州及盖平城，高丽城也。《朝鲜古志》谓辰韩反在朝鲜之东，以为甚远。《通志》海城东南至盖平县六十里。则盖平自在朝鲜之东也。

渤海夫余府，辽太祖平渤海还，有黄龙见城上，长亘一里，光耀夺目，更名黄龙府。晋出帝降辽，尝置于此。金收国二年，太祖亲攻黄龙府，次混同江，无舟乘马径涉，遂克黄龙。天眷三年，改为济州利涉军，以太祖涉济故也。大定九年，更为隆州。贞祐初，升为隆安府。《通志》载夫余府、黄龙府、黄龙塞并在开原县境。郭尔罗斯前旗东南二百里，有城曰龙安。《明一统志》龙安一秃河，在三万卫西北金山外，元将纳哈出分兵为三营：一曰榆井深处，一曰养鹅庄，一曰龙安一秃河。及大将军冯胜征纳哈出兵驻金山，遣副将于此受其降。《全辽志》龙安城在一秃河西金山东。册说城周七里，门四址尚存。旁有龙安塔，亦名农安。天命九年，科尔沁为察哈尔所侵，我贝勒阿巴泰率师救之。兵至农安塔，察哈尔仓皇夜遁。以地考之，龙安城即隆安之讹，为辽黄龙府故址，永吉州西北，皆古黄龙府之地，特其城隔在边外耳。

渤海夫余府，辽黄龙府，金会宁府，元开元路，明三万卫，一也。《通志》云：古开元路，在三万卫西门外。《元史·地理志》金末，其将蒲鲜万奴据辽东，元出师伐之，禽万奴至开元，东土悉平。开元之名始此。《通志》云：于其地置三万卫。则明三万卫，即元万户府。金初建都置会宁州，太宗时升会宁府，号上京。元初，设开元、南京二万户府，则元万户府即金会宁府。辽龙州隶东京，金太祖建都，置会宁州。《辽史》云：太祖置黄龙府，保宁中废。开泰九年，复置龙州，则金会宁府即辽黄龙府。又黄龙府本渤海夫余府，辽太祖见黄龙，名黄龙府，则辽黄龙府，即渤海夫余府。《通志·古迹》载：夫余府本夫余王城，在今开原县境，可为明证。或援《全辽志》咸平在开元东北隅，谓明三卫户乃金咸平府者，误。咸平为古铜山，地自在开原县南。

渤海铜山郡，辽以地多山险，寇盗据为渊薮，招常、平等州客户数百，建城居之。初号郝里太保城，开泰八年，置咸州，治咸平县。《辽史》云：咸州在渤海龙泉府南。《明一统志》云：开原路，渤海为上京龙泉府。据金许亢宗《行程录》云：自银州四十里至咸州。则咸平在今开原南铁岭东北，咸州非即开原也。《辽志》又云：咸平县在开原县城东北隅。考开原自是古夫余地，故《通志》谓渤海大氏取夫余地，改夫余府为龙泉府。若高丽铜山地，不得厕入夫余。又云龙泉府南，则并不得云在开原城北，故《大清一统志》据《松漠纪闻》及《御寨行程录》稽其道里，谓渤海龙泉府南，较接铁岭地为似。

开原县东北吉林乌拉界，有归仁废县。《辽史·地理志》通州安远军，本夫余国王城，渤海号夫余城，太祖改龙州，圣宗更今名。统通远、安远、归仁、渔谷四县。金州废，以三县并入归仁，属咸平府。《全辽志》开原北陆路第三站曰归仁站，即故县。

挹娄故地，渤海置安定军，辽为双州保安军。沤里僧王从辽太祖南征，以俘镇、定二州之民，建城置州，治双城县。《全辽志》双城在铁岭城西六十里。

《通志》铁岭实为挹娄国地，今挹娄城在其南境。双州在铁岭城西，知亦挹娄故地。

辽时沈州、银州，秦汉时，同为挹娄国地。沈州今承德。银州今铁岭。六朝及隋时，银州属越喜。唐渤海大氏以越喜故地为怀远府。《通志》云：改富州属怀远府，辽置银州富国军，领延津、新兴、永平三县。实因渤海富州改名银州，今铁岭县治尚有银州故城。

辽时，辽州在承德县西北。《辽史·地理志》州本拂涅国地，渤海为东平府。唐太宗征高丽，拔辽城，高宗诏程名振、苏定方至新城，皆即此地。太祖伐渤海，先破东平府，迁民实之。改为州军曰东平。太宗更为始平军。案《唐书》：粟末鞨鞨居最南，稍东北曰汩咄部，益东曰拂涅部。其地距今承德、广宁远甚。以辽州名东平军，谓即渤海东平府。又以州名辽，谓即唐辽城新城，并误。

汉辽阳县属辽东郡，后汉安帝初，改属玄菟郡，晋废。据《汉书·地理志》及《水经注》，其地当在今辽阳州西北，承德、辽阳之间。今州乃辽金之辽阳，与古辽阳无涉。《辽史·地理志》云：本汉浿水县，高丽改为句丽县，渤海为常乐县。浿水在汉乐浪郡，今朝鲜界内。金德、常乐乃渤海中京显德府县名，皆不在此。《新唐书》渤海所建府州，并无辽阳。《辽地理志》云：神册四年，葺辽阳故城，以渤海汉户建东平郡。《金地理志》直云：渤海，辽阳故城。此系《金志》误。《辽史·本纪》太祖三年，幸辽东。神册三年，幸辽阳故城。四年，建东平郡。天显元年，始攻拔渤海夫余城，进围忽汗城，降大諲譔。是渤海未平之先，辽阳之地早入契丹。初名辽东，复名辽阳，命名自辽，非由渤海。

《水经注》大辽水，东径辽汉队县故城西。《辽史·地理志》仙乡县本汉辽队县，渤海为永丰县。辽改名属辽阳府，金废。《明一统志》辽队废县在海州卫西六十里。案《汉书》辽队县本汉置。颜师古曰："队音遂。"后汉省，公孙度置。魏景初元年，刺史册丘俭击公孙渊，屯辽东南。渊逆俭于辽队，会天雨十余日，俭战不利，引军还。明年，司马懿征渊，渊遣将军卑衍、杨祚等，屯辽队，围堑二十余里。懿佯出其南，而潜军济水，径指襄平，即其地。

吉林乌拉城西南五百余里，有山名长岭子。满洲语谓之果勒敏珠敦。南接纳噜窝集，北接库呼纳窝集。自长白山南一岭环绕至此，绵亘不绝，为众水分流之地。渤海长岭府名取此。

长宁县南，旧有渤海城。辽统和十七年，置宾州于鸭子、混同二水之侧。寻曰怀化军。金初败辽军于斡邻泺东，取宾、祥、威三州、进薄益州是也。

辽泰州昌德军，属上京。金因之。大定间废。承安二年，移州于长春县，以故地为金安县，隶之。今郭尔罗斯前旗有泰州故城。辽长春州与泰州相近。《地理志》云：长春州韶阳军，本鸭子河春猎之地。兴宗重熙八年置，统长春一县。盖长春州近混同江。泰州在长春之西，金置泰州于长春，废旧泰州为金安县，即今嫩江南境。且金时泰州隶北京，不隶上京，必与北京较近。旧志误载长春州入吉林乌拉，今土尔伯特札赖特旗，皆辽长春州北境。金泰州北边鸭子河，蒙古名冲古尔，在科尔沁左翼前旗南四十里，土尔伯特札赖特，科尔沁属也。

《辽史》上京有他鲁河，《金史》长春县有挞鲁古河。圣宗四年，改挞鲁河为长春河，一也。即《满洲源流考》所载之滔尔河，亦作桃尔，又作拖罗，皆洮儿音之讹。洮儿河源出西北兴安山，东南流，合贵勒尔河。又东北折，经科尔沁右翼后旗南界，又东，经札赖特南界，汇为纳蓝撒蓝池，入嫩江。《全辽志》洮儿河在开原城西九百里肇州西，源出北山，东流入松花江。

《辽史·地理志》正州本沸流王国故地，为公孙康所并。渤海置沸流郡。有沸流水户五百，隶渌州。在西北三百八十里，统东那县，地在州西七十里。案汉献帝建安中，高句丽王伯固死，子伊彝模立，长子拔奇怨不得立，与消奴部各将下户三万余口，诣公孙康降，还住沸流水。魏齐王正始三年，其王位宫寇西。安平五年，幽州刺史毌丘俭将万人出玄菟讨之，战于沸流，位宫败走，即此。朝鲜有正州城。

《辽史·地理志》集州古陴离郡地。汉属险渎县，高丽为霜岩县，渤海置州。考险渎县，前汉属辽东郡，后汉设辽东属国都尉，辽东之西境也。据《通志》承德东南四十五里奉集堡城，即其故址。

辽、金二史载，金太祖起兵，先攻宁江州。辽守将耶律纳战败，弃城渡混同江而西。是州在混同江之东。高士奇《扈从录》云：大乌拉去船厂八十余里，即辽之宁江州地。当在今吉林乌拉城北。

伯都纳城东南，阿尔楚喀河西岸，有古城，南距吉林乌拉城三百四十里，东去故会宁城六百里。据《大清一统志》，即金肇州遗址。宋政和四年，女真取宁江州，辽人使其将叶嗣先等发兵屯出河店。金太祖御之，至混同江，辽兵方坏凌河，太祖击走之，遂率众进登岸，大破辽兵于此。天会八年，以太祖肇基王迹于此，置肇州，治始兴县。承安八年，又置武兴军。《元志》于广宁府路下亦有肇州。注云：案《哈喇八都鲁传》：至元三十年，世祖谓哈喇八都鲁曰：乃颜故地曰阿八刺忽者产鱼。吾今立城，而以兀速憨、哈纳思、乞里吉思三部人居之。名其城曰肇州，汝往为宣慰使。既至安市，里安民居，得鱼九尾，皆千斤，来献。又《成宗纪》元贞元年，立肇州屯田万户，以辽阳行省左丞阿散领其事。而《大一统志》与《经世大典》皆不载此州何属。

元之肇州，明初已不知所在。《博都欢传》云：太祖分封东诸侯以二十为率，乃颜得其九五，则其地不止宁。《玉昔帖木儿传》云：乃颜之遗孽哈丹兀鲁干复叛，玉昔帖木儿过黑龙江，捣其巢穴。知黑龙江右亦乃颜地。近混同、黑龙江故产大鱼。

金天会二年，以耶懒路都孛堇所居地瘠，迁于恤品路。海陵置节度使，因名速频。大定十一年，以耶懒、恤频相去千里，既居速频，然不可忘本，遂命亲管猛安，名曰押懒猛安。西北至上京一千五百七十里，东北至胡里改一千一百里，西南至合懒一千二百里，北至边界可阿怜千户二千里。此在辽时为率宾府。恤品、恤频皆率宾之转音。宁古塔城东南相近有合懒路，亦金置，一名曷懒。而耶懒、押懒亦合懒之转音。

唐时，高丽泊汋城，在鸭渌江北。即《满洲源流考》金元疆域载博索府地，亦作婆速府。泊汋音相近，当系沿唐旧名，稍异其字。

《扈从录》：沙林东南十五里曰火茸城，金之上京会宁府也。广四十里，自沙林而东八十里，为宁古塔。《通志》：宁古塔西南六十里，虎儿哈河之南，有古大城，周三十里，即会宁府遗址。《金史·地理志》：上京路即海古之地。天眷元年，号上京。海陵贞元二年，迁都燕，止称会宁府。大定十三年，复为上京会宁府。初为会宁州，太宗因建都，升为府，治会宁县。

《金史·地理志》：蒲与路，初置万户，海陵改置节度使。承安三年，设节度副使。南至上京六百里，东南至胡里改一千四百里，北至边界火鲁火疃谋克三千里。元废。在今齐齐哈尔城东南。

高宗阅《金史·世纪》谕云：金始祖居完颜部，其地有白山黑水。白山即长白山，黑水即黑龙江。本朝肇兴东土，山水钟毓，与大金正同。谨案：白山、黑水始见于《北史》，显著于金源。山在今吉林乌拉城东南，横亘千余里。东自宁古塔，西至奉天府，诸山皆发派于此。古名不咸山，亦名太白山。《山海经》：大荒之中，有山名曰不咸。有肃慎氏之国。《晋书》肃慎氏国在不咸山北。《魏书》勿吉国北，有徒太山。《明一统志》在三万卫东北千余里故会宁府，南六十里，横亘千里，高二百里。其巅有潭，周八十里，渊深莫测。南流为鸭渌江，北流为混同江，东流为阿也苦河。

高宗御制诗：山顶有潭，闼门名扬。是也。《通志》长白山，即歌尔民商坚阿邻，在船厂东南一千三百余里，今西南流入海者，为鸭渌江。东南流入海者为土门江。北流入海者为混同江，无阿也苦河之名，或古今名异也。

盛京一带，山岭不一，因地立名，皆此山之支裔。黑龙江古名黑水，亦曰完水，又名室建河，亦名斡难河。源出喀尔喀北界肯特山。土人谓之敖嫩河。《北史·乌洛侯传》：其国西北有完水，东北流，合于难水。《旧唐书·室韦传》：大山之北，有大室韦部落。其部落傍室建河居。其河源出突厥东北界俱伦泊，屈曲东流，经西室韦界，又东经大室韦界，东经蒙兀室韦之北，落俎室韦之南，又东流，与那河、忽汗河合。又东经南黑水靺鞨之北，北黑水靺鞨之南，东流注于海。《金史·地理志》肇州始兴县有黑龙江。《元史·太祖纪》帝即皇帝位于斡难河之源。《明一统志》黑龙江在开原城北二千五百里。敖嫩即斡难之转音也。肯特山为黑龙江发源地。山南喀尔喀，山北即俄罗斯，渤海率宾故地，今吉林乌拉境。《辽史·地理志》康州，世宗迁率宾人户置，所属有率宾县。志云：本渤海率宾府地。考辽康州及率宾县，俱属显州，为渤海显德府地。在今广宁境，当亦迁率宾人户所置，非故府地。率宾府所领有华州、益州、建州。《通志》以鸭渌江一名益州江，或呼瑷江。《通典》源出靺鞨白山，在吉林乌拉南九百七十七里，亦去长白山不远。渤海建州固与国初所统之地相近。

《元一统志》碛矿河在大宁路金源县西，东南入建州境，合于灵河。凌河在大宁路兴中州，源出龙山县，经本州下流达建州境。大凌河自建州界，流经兴中州东南，下流入义州境。凌水在大宁府建州南五里，自富庶县流至本境四十里，入兴中界。一云发源龙山县南八十里，东北流百里入利州界。又北经富庶县东南三十里，入建州境。案：大宁本辽大定府，号中京。《金史·地理志》辽中京，海陵贞元元年，更为北京。《元史·地理志》大宁路，元初为北京总管府，至元七年改大宁，二十二年改武平路，后复为大宁。故城在喀喇沁右翼南百里利州。辽统和二十六年置，领阜俗县，属中京，金因之。兼领龙山县，元废县存州，属大宁路。故城在喀喇沁左翼东北二十五里，近宁远州边外，亦名古尔板苏巴尔汉城。利州西南为龙山。《辽史·地理志》潭州广顺军，本中京之龙山县。开泰中置州。《金史·地理志》利州龙山县，辽潭州广润军县故名。熙宗皇统三年，废州来属。《元史·地理志》大宁路龙山县，初属大定府，至元四年属利州，后复来属。故城在喀喇沁左翼西南八里大凌河之旁，俗呼喀喇城。右翼之界有故金源县，辽开泰二年置，属大定府，以地有金甸名。金因之。元属大宁路。《九边图》在大青山西，故大宁城之东，有故富庶县。辽开泰二年置，属大定府，金因之。元至元三年省，入兴中州，后复置，属大宁路。《九边图》在白狼山东，此所云建州，盖元时大宁所领。即辽时以渤海建州人户所移置。在凌河南者，故城在锦县西北；在凌河北者，故城在土默特右翼西南。皆非渤海之旧。与国初所统之建州无涉。

《魏书》乌洛侯国，从难水北行二十余日，有于已尼大水，即北海。郑樵《通志》引之，《皇清通考》据此疑乌洛侯即俄罗斯。又改侯为俟，以叶斯音。《魏史》

启东录

列高丽国、百济、勿吉、契丹诸东彝间。又称为拓跋先世旧墟，而难水即黑龙江。所称于已尼大水，塞外得水谓海之例，非俄罗斯北大海也。据《盛京通志》今黑龙江东北有大泊，即于已尼大水。《旧唐书》曰乌罗浑国，即后魏之乌洛侯也。亦谓之乌罗护。在长安东北六千三百里，东与靺鞨，南与契丹，北与乌桓相接。《海国图志》以乌洛侯在今索伦锡伯之地，订四裔考之，误。乌洛侯自是一国。《西北域记》鄂罗斯一名罗刹，曾侵扰索伦打虎尔部者。罗刹即罗斯之转音，或又转为罗车，又转为罗沙，古丁零国也。其藩属在阿细亚洲内地，与蒙古满洲毗连。有山曰阿尔台山，北为悉毕厘阿山，南即蒙古、伊犁、鞑鞑里、黑龙江等处。我太宗文皇帝崇德四年，其国有端戈萨司之弥特厘者，直至东洋荷葛斯海岸侦探道路，复增兵前往，庵雅臈河以至麦加湖远近之地，无征不服。由彼径抵黑龙江，适遇满州兵至，与之交锋，俄罗斯败归山后。故濒江荒地，仍属满洲，后即以此为界。《海国图志》谓其国阿模尔河，即黑龙江，麦加湖即呼伦贝尔泊也。山即外兴安大岭，《职方外纪图》谓之东金山。

# 卷　五

## 校　勘

《册府元龟》夫余本濊地也。汉武帝元朔元年，以其地为沧海郡，数年乃罢。至元封三年灭朝鲜，分置乐浪、临屯、玄菟、真番四郡。至昭帝始元五年，罢临屯、真番以并乐浪、玄菟。玄菟徙居高句丽。自单单大岭已东，悉属乐浪。《后汉书》作单大岭，《魏志》《通考》与此同。

朱蒙，为夫余、河伯女所生男子名，见《隋书》。《北史》云：朱蒙者，其俗言善射也。夫余狩于田，以朱蒙善射、给一矢，殪兽甚多。今满洲语称善射者谓之卓琳莽阿。"卓"与"朱"音近，"琳"者齿舌余韵，"莽阿"二字音急呼之近"蒙"，传写虽讹，音译可考。《北史》载朱蒙走纥升滑城，《后周书》作纥斗骨城。

夫余王侍婢子东明，走施掩水，见《魏略》。《后汉书》作掩㴲水，注云：今高丽有盖斯水，疑此水是也。《梁书》作掩滞水，《隋书》作掩水。

三韩辰王都月支国，见《通典》。《魏志》作目支，《通考》作自支。《通考》马韩所属有卑离国、监奚卑离国、内卑离国、辟卑离国、牟卢卑离国、如来卑离国、楚山涂卑离国。"卑离"即"贝勒"之转音。

汉置真番郡，治霅霅县，《汉志》所不载。徐广曰：辽东有番汗县。据《大清一统志》，疑即真番。志载真番城在朝鲜国城西北。案《史记》真番注：番音普寒切。番汗，即弁韩之转音。

勿吉，《魏书》载，景明四年，遣使俟力归。兴和二年，遣使石久云等贡方物。《北史》作侯力归、石文云。

《北史》勿吉伯咄部、拂涅部。伯咄，《五代史》《太平寰宇记》作汨咄。拂涅，《寰宇记》作拂涅。满语谓朋友曰固楚，与汨咄音同。谓群处之群曰佛宁，与拂涅音同，两句相连即朋友之意。当时二部命名，应取诸此。音字传讹，遂不画一。佛宁清文作ᡶᡝᠨᡳ，下一字尼音二字合切，汉字无恰合者，借用宁字译之。

百济，一作伯济。《后汉书》三韩凡七十八国，伯济其一焉。《三国志》

马韩有伯济国。

《册府元龟》晋简文帝咸安二年正月，百济遣使贡方物。六月，遣使拜百济王余句为镇东将军，领乐浪太守。孝武帝太元十一年，以百济王世子余晖为镇东将军、百济王。义熙十二年，以百济王映为使持节、都督百济诸军事、镇东将军、百济王。案：百济为夫余王尉仇台之后，以夫余为姓。诸史删夫字皆误。惟《通典》晋义熙中，以百济王夫余腆为使持节、都督百济诸军事，不误。

《隋书》百济人名、地名，以满洲语译对。牟大袭其祖父牟都为百济王。牟都，当为穆敦，切磋之磋也；牟大当为穆丹，韵也。弗斯侯之弗斯，当为富森，滋生也。弗中侯之弗中，当为法珠，树权也。赞首流之首流，当为舒噜，珊瑚也。木干那之干那，当为噶纳，往取也。时代虽远，译语可通。国中大姓八，《北史》有沙氏、燕氏、劦氏、解氏、真氏、国氏、木氏、苗氏。劦，《通考》作刕，注音狭真。《隋书》《新唐书》并作贞苗。《新唐书》作"苜"。《通考》作苜，注音白。赞首流、木干那，皆百济大族。

《通考》高丽以百济为金州金马郡，号南京。乃济东南边境，其全部始属新罗，后归渤海，非高丽所能有。

《新唐书》苏定方执百济义慈等送京师，平其国。析置熊津、马韩、东明、金涟、德安五都督府。《地理志》作金远。《太平寰宇记》作金莲。

《梁书》于新罗云：普通二年王名募秦，始使使随百济贡方物。《南史》《通志》《大平御览》皆作姓慕名秦。《通考》引《梁史》亦同，且云未详易姓之由。据隋《东蕃风土记》新罗金姓相承三余叶，至今亦姓金，不应于梁时忽姓慕。中国人本称秦，此慕秦当为书语，非姓名。募又慕之讹。

《魏书·高丽传》：高丽王钊，烈帝时与慕容氏相攻，建国四年，慕容元真伐之。钊单骑奔窜，后为百济所杀。烈帝为道武帝之伯祖。《隋书》钊误作昭，又误以昭烈帝相连，为高丽王名。

《北史》初以百家济因号百济王，姓余氏。《后周书》作夫余氏，当从《后周书》。

《隋书》开皇十八年，昌使其长史王辩那来献方物。《北史》作八年。

《旧唐书》义慈兴兵伐新罗，取四十余城。又发兵以守之。与高丽通好，谋取党项城，以绝新罗入朝之路。《新唐书》作棠项，误。

及太宗亲征高丽，百济乘虚袭破新罗十城。《新唐书》作七城。

百济僧道琛、旧将福信，率众据周留城。《新唐书》以福信为夫余璋之从子。

道琛等乃释仁愿之围，退保任存城。《新唐书》作任孝城，误。

仁愿奏请益兵，诏发淄、青、莱、海之兵七千人，遣左威卫将军孙仁师统众浮海。《新唐书》作右威卫将军。

《太平寰宇记》百济后渐寡弱，散投突厥及靺鞨，其王夫余崇竟不敢归国。新、旧唐书并作夫余隆。

百济王所治城，曰固麻。《北史》谓居拔城，即固麻城。以满洲语译对，固麻为格们之转音。《旧唐书》云：王居有东西两城，居拔即满洲语之卓巴，两城皆王都，故均以格们称之。其曰建居拔者，建字乃汉文。《通考》误连建、居、拔三字为城名。

《通考》于新罗云：隋文帝时，其王姓金名真平。袭加罗、任那诸国，灭之。加罗、任那并三韩地。加罗亦作伽罗。唐武德三年，遣使册拜金真平为柱国，封乐浪郡王、新罗王。《五代史》云：新罗自唐高祖封金真为乐浪郡王、新罗王。新、旧唐书并作金真平，当系《五代史》误。金真平于贞观五年卒，无子，立其女善德为王。宗室大臣乙祭总知政事。蒙古语谓全部之部曰伊济，与乙祭音近。

《旧唐书》于贞观二十二年云：真德遣其弟国相伊赞子金春秋及其子文正来朝。真德，善德妹也。《唐会要》以春秋为真德子者，误。文正，《新唐书》作文王。《册府元龟》云：新罗国伊赞於金春秋及其子文王来朝。"於"字新旧唐书并作"子"。当系误"子"为"于"，又误"于"为"於"。

永徽元年，真德大破百济之众，遣其弟法敏以闻。弟字当误。下文云：春秋卒，以其子法敏嗣。《新唐书》云：遣春秋子法敏是也。

永贞元年，遣兵部郎中元季方，册俊邕子重兴为王。《册府元龟》作重熙，云并册其母和氏为太妃，妻朴氏为妃。又太和五年，以嗣子金景徽为开府仪同三司、检校、使持节大都督鸡林州诸军事、充宁海军使、新罗王。母朴氏为太妃，妻朴氏为妃。《册府元龟》作妻贞氏。

《新唐书》诏复法敏官爵，然多取百济地，遂抵高丽南境矣。案《唐会要》谓：尽有百济之地，及高丽南境。盖高丽北境已属渤海，故新罗既有百济之地，又兼有高丽南境。非得百济而始抵高丽之南也。《新唐书》误会及字意，与《高丽传》不合。

《唐会要》上元元年二月，新罗王金法敏既纳高丽叛亡之众，又封百济故地，遣兵守之。《新唐书》作咸亨五年，纳高丽叛众，略百济地守之。又长寿二年，政明卒。《旧唐书》作天授三年。又三年遣使来朝，其年理洪卒。《旧唐书》作长安二年卒。又太和四年彦升卒，《旧唐书》作五年。

《册府元龟》开元二十四年六月，新罗王表曰：伏奉恩勅，浿江以南令新罗安置，锡臣境土，广臣邑居，遂使垦辟有期，农桑得所。奉丝纶之旨，荷荣宠之深，粉骨糜身无由上答。据此则浿江以南地，开元时以与新罗。新旧唐书俱未载。

《张九龄集》与新罗王金兴光勅曰：知卿欲于浿江置戍。既与渤海冲要，又与禄山相望，仍有远图，宜遵长策。且渤海既已逋诛，卿每嫉恶，深用加之。兴光者，新罗王理洪弟也。《旧唐书》称兴光本名与太宗同。先天中，则天改焉。《唐会要》兴光本名崇基。是与明皇名同，非太宗也。又先天，为玄宗初即位改元之号，非武后所改甚明。

《册府元龟》后唐同光二年十一月，国王金朴英遣仓部侍郎金乐、录事参军金幼卿朝贡。二年正月，国王及本国泉州节度使王逢规遣使朝贡。案《新唐书》有全州，无泉州。《册府元龟》所载，即一州而传写异也。

《五代会要》天成二年二月，新罗遣使张芬等来朝。三月，以新罗国权知康州事王逢规为怀化大将军。新罗国前全州都督府长史张希岩，新罗金州知后官、本国金州司马李彦谟，并检校右散骑常侍。案金州，《册府元龟》作登州，此讹。

《契丹国志》太祖并吞诸部，渤海王大諲撰深惮之，与新罗结援。新罗言语、名物，有似中国。国王诵自契丹承天太后时入贡。其后王诵为部下所杀，立其弟询。契丹以王诵进贡，兴兵北讨。十年方罢兵。新罗依旧朝贡。案新罗王之名，《辽史》不载。《通考》谓高丽王治受制于契丹，朝贡中绝。治卒，弟诵立。尝遣兵校徐远来候朝廷德音，远久不至。咸平三年，其臣吏部侍郎赵之遴，命牙将朱仁诏至登州侦之。州将以闻，上特召见仁诏，仁诏因自陈，国人思慕皇化，为契丹羁制之状，乃赐诵钿函诏一道，令仁诏赍还。六年，诵使户部郎中李宣来谢恩，且言将割燕蓟，以属契丹，遂有路趣、玄菟屡来攻伐，求取不已，乞王师屯境上，为割制。诏书优答之。诵卒，弟询权知国事。《圣宗本纪》高丽西京留守康肇弑其王诵，立诵从兄询，诏东征，后高丽复朝贡。是诵与询皆高丽王名，可补《辽史》之阙。此事亦系高丽，非新罗也。圣宗用兵，《新罗本纪》亦未载，惟《地理志》有圣宗伐新罗还一语。

隋开皇初，靺鞨国有使来献，谓即勿吉也。郑樵《通志》勿吉一曰靺鞨，勿吉、靺鞨音相近。

《北史》靺鞨即古肃慎氏也。渠帅曰大莫弗瞒咄。满洲谓长曰达，称老翁曰萨克达玛法。大莫弗三字，即达玛法也。瞒咄二字与满珠音近。

《旧唐书》突地稽率所部赴定州，遣使诣太宗，请授节度。以战功封蓍国公。《册府元龟》作耆国公。

白山部素附高丽。唐收平壤后，种落多入中国。汩咄、安车骨、号室等部[18]，亦因高丽破并为渤海编户。惟黑水部全盛。安东都护薛泰，请于黑水靺鞨内置黑水军，续更以最大部落为黑水府，仍以其首领为都督。《旧唐书》作开元十三年，《渤海传》作开元十四年。至十六年，其都督赐姓李氏，名献诚，授云麾将军兼黑水经略使。其安东都督府，系乾封九年分高丽故地置。

靺鞨州三。见《新唐书·地理志》，曰慎州，曰夷宾州，曰黎州。慎州者，武德初，以涑沫乌素固部落置，侨治良乡。夷宾州者，乾符中，以愁思岭部落置，侨治良乡。黎州者，载初元年，析慎州置，侨治良乡。原文作载初二年，考武后年号，乙丑十一月始用周正改载初，至庚寅九月改天授，故《本纪》载初无二年，应作元年。

《册府元龟》开元十八年，遣使阿布科思献方物。阿布科思又作阿布思利。其所载靺鞨人名，如开元二年，拂涅靺鞨首领失异蒙，越喜靺鞨首领乌施可蒙；二年，越喜部茂利蒙；十二年越喜部努布力；十三年，铁利大首领封阿利，拂涅部薛利蒙，黑水大首领诺箇蒙；十五年铁利部米象；十八年拂涅部兀异。以满洲语译对，谓好曰赛音，谓能曰莽阿，与失异蒙音近。工于甲者，曰乌克绅莽阿，与乌失可蒙音近。善骑射者，曰摩琳莽阿，与茂利蒙音近。谓弩曰弩伯哩，与努布利音近。羽毛丰满，曰丰阿拉，与封阿利音近。聪明能事，曰苏呼莽阿，与薛利蒙音近。甚能曰诺凯莽阿，与诺箇蒙音近。称弓弩曰密色[19]，与米象音近。谓柔软曰乌延，与兀异音近。

《五代史》同光二年，黑水首领兀儿遣使者来，其后常来朝贡。索伦语，谓山曰乌呼，与兀儿音同。黑水部族至广，兀儿所部世次，史失其纪，以音译考之，当与今索伦近。

《五代会要》黑水靺鞨，天成四年八月，遣使骨至来贡方物。以骨至为归德司戈遣还。骨至当为郭济之讹，满洲语，曲指也。

《册府元龟》后唐同光二年九月，黑水国遣使朝贡。三年，黑水胡独鹿等遣使朝贡。满洲语令急速曰呼都拉，与胡独鹿音近。

黑水部族可纪者，如思慕、郡利、窟说、莫曳、皆虞娄、越喜、铁利等，皆是今黑龙江将军所属。有锡呼穆第河，有库裕尔河，与思慕、窟说音近。皆以水得名。《八旗姓谱》有裕噜氏，即虞娄之转音，上溯挹娄，音亦相近。又满洲语谓全部之部曰约希，谓队伍曰默音，谓理曰坚，与越喜、莫曳，皆音亦近。

《辽史·地理志》唐载初二年，析镇州置黎州，处靺鞨部落。后为奚人所据。辽为榆州。云二年者，沿唐志之讹，当作元年。镇州为慎州之讹，当从《唐地理志》。

《旧唐书》渤海大祚荣，率众保桂娄故地，筑城以居。圣历中，自立为振国王。其嫡子大武艺嗣立，因唐黑水地，为黑水州，置长史，遣母弟大门艺及其舅任雅等，击黑水桂娄。《新唐书》作挹娄。振国，《通考》作震国。任雅，《新唐书》《通考》并作任雅相。

《新唐书》渤海王华玙卒，钦茂少子嵩邻立。《旧唐书》作璘明忠立，一岁卒，谥简王。从父仁秀立，改年建兴。其四世祖野勃，祚荣弟也。野勃为伊伯之转音，满洲语令进也。长领府领瑕、河二州。《辽史》作长岭，古字通。

定理府领定、潘二州。《辽志》作沈。

东平府领伊、蒙、陀、黑、比五州。《通考》作伊、蒙、沱、黑、比。

《册府元龟》唐开元十四年，渤海王大都利来朝，授左武卫大将军，留宿卫。考史传，渤海王实未尝来朝，惟开元八年，封王子大都利行为桂娄郡王，盖渤海之支郡。下文亦称王子大都利行卒。此系脱讹。

十八年，乌那达初来，献海豹皮五、豹鼠皮五、玛瑙杯一、马三十匹。乌氏，渤海大姓，那达初，以满洲语考之，为纳丹珠之转音。

二十三年，王弟蕃来朝，本书褒异门作二十四年，并载授蕃太子舍人。

二十七年，王弟大勗进来朝，宴于内殿，授左武卫大将军，留宿卫。十月，使其臣受福子来谢。一作优福子。

《宋史》唐天成初，契丹攻夫余城，下之。改为东丹府。命其子突欲镇之。周显德初，其豪崔乌斯等三十人来归。《会要》载同。突欲应作托云，乌斯当为乌苏之讹。蒙古语，水也。《通考》作乌思罗等三十人归化。斯、思音同。

《册府元龟》应顺二年十一月，遣使列周义入贡。案：后唐愍帝应顺改元，止三月，即为潞王清泰元年。《五代史》载清泰二年，渤海遣使者来，证以《宋史》历长兴、清泰遣使朝贡。及《通考》清泰二年、三年俱遣使贡方物。无及应顺者。应顺当系清泰之讹。

《通考》后唐同光二年，渤海遣倅学堂亲卫大元谦试国子监丞，文辞未协。《册府元龟》于试国子监丞上有"来朝授"三字。此系脱讹。本名大元让，此避宋濮王允让讳，改作大元谦。

《宋史》太平兴国六年，赐乌舍城浮渝府。渤海王诏令其助攻契丹。渤海无浮渝府，当即夫余府。《会要》作清渝府。又从浮字偏旁而讹。

国朝于辽、金二史译音，多所订正，系于渤海者。《辽史·本纪》太祖神册二年，渤海遣使来贡。四年，修辽阳故城，以渤海户实之。天赞三年，渤海杀辽州刺史张秀实而掠其民。四年十二月，亲征大諲撰。丁巳，次商岭，夜围夫余府。天显元年正月庚申拔之。丙寅，命惕隐安端、前北府宰相萧阿古只等将万骑为先锋，遇谞撰老相兵，破之。是夜，大元帅尧骨、南府宰相苏、北院夷离堇斜涅赤、南院夷离堇迭里，围忽汗城。辛未，谞撰率僚属三百余人出降，上优礼而释之。甲戌诏谕渤海郡县，丙子遣近侍康末怛等十三人入城索兵器，为逻卒所害。谞撰复叛，攻其城破之。驾幸城中，谞撰请罪马前，诏以兵卫谞撰及族属出，帝还军中。二月，安边、鄚颉、南海、定理等府洎诸道节度刺史来朝，慰劳遣之。甲午，复幸忽汗城，改城名天福，改渤海国为东丹，册皇太子贝为人皇王以主之，以皇弟迭剌为左大相，渤海老相为右大相，渤海司徒大素贤为左次相，耶律羽之为右次相。赦其国内。三月，遣夷离堇康默记等攻长岭府（《唐书》《通考》俱作领）。己巳，安边、鄚颉、定理三府复叛，遣阿敦讨平之。乙酉，以大谞撰举族行。五月，南海、定理二府复叛，大元帅尧骨讨之。七月，铁州刺史卫钧反，尧骨攻拔之。八月，康默记等攻下长岭府，尧骨讨平诸州。太宗天显三年，迁东丹（即夫余城）民以实东平，其民或亡入新罗、女真。五年，以渤海户赐皇弟李胡。圣宗统和四年涿州之役，渤海小校贯海等叛，入于宋。十四年，渤海燕颇等侵铁丽，遣奚王和硕努等讨之。不克，削和硕努官。二十一年四月，渤海部遣使来贡。圣宗开泰八年，置东京渤海承奉官都知押班，迁宁州渤海户于辽、土二河之间。太平八年，以渤海宰相罗汉，权东京统军使。九年八月，东京舍利军详稳大延琳囚留守驸马萧孝克及南阳公主，杀户部使韩绍勋等，即位。号其国为兴辽，年为天庆。延琳先与副留守王道平谋，道平夜踰城，与延琳所遣召黄龙府黄翩者，俱至行在告变。上即征兵进讨。时萧匹敌治近延琳，先率兵据其要害，绝其西渡之计。渤海太保夏行美，先戍保州，延琳密驰书使图统帅耶律蒲古。行美反以实告蒲古，遂杀渤海兵八百人而断其东路。延琳知黄龙、保州皆不附，遂分兵西取沈州。节度副使张杰声言欲降，故不急攻。及知其诈而已有备，攻之不克而还。时南北女真皆从延琳。及诸道兵皆至，延琳婴城固守。命燕王萧孝穆等攻之。十年八月，延琳将杨祥世夜开南门纳辽军，禽延琳，渤海平。诏渤海旧族有勋劳材力者叙用，余分居来、隰、迁、闰等州。天祚帝天庆五年二月，饶州渤海古欲等自称大王，以萧谢佛留等讨之，为古欲所败。以南面副部署萧陶苏斡为都统副之。五月，及古欲战，败绩[20]。丙辰，获古欲等。六年正月朔，东京裨将渤海高永昌，称隆基。元年闰月，贵德州守将耶律余睹，以广州渤海附永昌。二月，张嘉努诱饶州渤海攻陷高州。三月，饶州平。五月，金军破东京，禽高永昌。七月，春州渤海叛，寻降。案：惕隐今改特哩衮，安端今改阿敦，阿古今改阿固齐，尧骨今改耀库济，夷离堇今改额尔奇木，斜涅赤今改萨纳齐，迭里今改迪里，迭剌今改塔喇，羽之今改伊济，李胡今改拉呼，燕颇今改雅必，舍利今改实里，详稳今改详衮，匹敌今改丕勒迪，蒲古今改布尔古，古欲今改古裕，谢佛留今改色佛哷，陶苏斡今改图斯哈，余睹今改为伊都。《续通考》辽太祖尝亲征渤海大諲譔，拔夫余府，诛其守将，遂围忽汗城。诏以兵卫諲譔及族属以出。改渤海为东丹，忽汗城为天福。册皇子贝为人皇王以居之，卫送大諲譔于皇都西城。名諲譔曰乌鲁古，妻曰阿里只。乌鲁古今改乌尔古，阿里只今改阿勒札。

《金史》太祖二年，执宁江州渤海大嘉努，次札只水，遇渤海军攻我左翼七谋克，众少却，敌兵直犯中军，太祖射耶律谢十死，敌大奔。十月，召渤海梁福、斡答剌，使伪亡去，招谕其乡人曰：女真、渤海本同一家，我兴师伐罪，不滥及无辜也。收国二年，诏渤海诸部官民已降，或为军所俘获，逃遁而还者，勿以为罪。其酋长仍官之，且使从宜居处。太宗天会四年，命勃董大昊以所领渤海军八猛安为万户。札只今改扎锡，谋克今改穆昆，谢十今改色锡，斡答剌今改乌达喇，索董今改贝勒，猛安今改明安。穆昆、贝勒、明安皆金时官制也。又有勃极烈者，亦即今之贝勒。自新罗、渤海已肇兴文字。金初年用契丹字，太祖、熙宗作女真大小字，设女真进士科，经书皆有译解，今碑刻犹有存者。至我太祖高皇帝，命额尔德尼、巴克什等创制国书，义蕴精微，垂制作之极轨。

《金史·世纪》始祖讳函普，初从高丽来，居完颜部仆斡水之涯。长曰乌鲁，次曰斡鲁，遂为完颜部人。案《通考》及《大金国志》皆云本自新罗来。考新罗与高丽旧地相错，辽、金二史中，往往二国互称，不为分别。以史传校之，新罗王金姓相传数十世，金之自新罗来无疑。函普今作哈富，仆斡今作布尔噶，乌鲁、斡鲁，今作乌噜、斡噜。

献祖徙居海古水，定居于安出虎水之侧。案《金史》云：国言金曰安出虎，以安出虎水源于此，故名。考满洲语称金曰爱新，与安出虎音不相涉。《大金国志》亦只言国产金及有金水源。其以安出虎为金，史家附会，犹黑水掬之微黑，鸭绿江色若鸭头之论耳。海古今作海古勒，安出虎今作阿勒楚喀。

六世至景祖，前后愿附者众。斡泯水蒲察部，泰神忒保水完颜部，统门水温迪痕部，神隐水完颜部。案此二完颜部，盖金族姓之散处者。斡泯今作鄂敏，蒲察今作富察，泰神忒保今作新特克新布，统门今作图们，温迪痕今作温特赫，神隐今作舍音。

《大金国志》金国名珠里真。案国朝旧称满珠所属曰珠申，与珠里真音近。但微有缓急之异，实皆肃慎转音。

契丹恐女真为患，诱豪右数千家处之辽阳之南，使不得与本国往来，谓之合苏款。自咸州东北分界，入山谷至涞沫江，中间所居之女真，隶咸州兵马司，谓之回霸。案：涞涞为粟末水，即混同江。志上文称混同江，此又称涞沫江，误以混同为黑龙江也。合苏款又作合苏馆，今作哈斯罕。回霸又作回拔，今作辉发。咸州在今威远，英莪门之间，东北至松阿哩江，约六七百里。今有辉发河，《明一统志》有灰扒江，灰扒即辉发之讹。

《通考》于女真云：阿保机吞北方三十六国，此其一也。阿保机今作安巴坚，自天圣后属契丹，世袭节度使，兄弟相传。其帅本新罗人，号完颜氏，女真服其练事，以首领推之。自龛福以下，班班可纪。龛福生讹鲁，讹鲁生洋海，洋海生随阔，随阔生实鲁，实鲁生胡来，胡来三子：伯曰核里颇，叔曰蒲剌束，季曰杨割。杨割聚族帐最多，谓之杨割太师。核里颇四子，长曰吴剌束，次太祖，次太宗，次曰撒也。永昌八年，太祖尽得辽东、长春两路，始称皇帝，建元天辅，改国号大金。案：此《通考》所载诸名，与《金史》异同者颇多，今俱从《金史》改正。龛福作哈富，讹鲁作乌噜，洋海作雅哈，随阔作苏赫，胡来作呼兰，核里颇作和勒博，蒲剌束作富勒苏，杨割作伊克，吴喇束作乌鲁斯，撒也作赛音。

《辽史·营卫志》奥衍女真部，圣宗以女真户置，隶北府节度使，属西北路招讨使司，戍镇州境。自北至河西部，皆俘获诸国之民，初隶诸宫，户口蕃息置部，讫于五国城，皆有节度使。乙典女真部，圣宗以女真户置南府，居高州北。国外十部，有长白山部。案奥衍今作阿延，满洲语尊大也。乙典今作伊德，蒙古语，令食也。

《元史·地理志》开元路，古肃慎之地。隋唐曰黑水靺鞨，后属渤海。渤海寖弱，黑水复有其地，即金祖之部落也。元初，立开元、南京二万户。又设军民万户府五，分领混同江南北之地。其居民皆水达达女真之人。水达达今作硕达勒达。

金始祖居完颜部，因以为完颜氏。满洲氏族与《金史》所载姓氏相符，译对音讹。据《八旗姓氏通谱》，仍依《金百官志》序次考正，凡九十四，完颜居首。次则封金源郡者：温迪罕为温特赫，夹谷为瓜尔佳，仆散为布萨，尤虎又作准葛为珠格，移剌答为伊勒图，斡勒为沃呀，斡准把为旺扎卜，阿不罕为阿布哈，卓鲁为珠噜，回特为辉特，黑罕为辉罕，会兰为辉罗，沈谷为彻木衮，塞蒲里为赛密呀，乌古孙为乌克逊，石敦为舒尔图，卓陀为卓特，阿厮准为乌苏占，匹独思为博提斯，潘尤古为博尔济克，暗石剌为乌实拉，石古若为舒古苏，缀罕为珠尔罕，光吉剌为光嘉喇。次则封广平郡者：裴满为费摩，徒丹为图克垣，温敦为温都，兀林答为乌凌阿，阿典为阿克占，纥石烈为赫舍哩，纳兰为纳喇，宇尤鲁为富珠哩，阿勒根为珠勒根，纳合为纳哈塔，石盏为实嘉，蒲鲜为布希，古里甲为瓜尔佳，阿迭为阿达，聂模栾为尼玛兰，抹撚为穆延，纳塔为纳坦，兀撒惹为乌苏，阿鲜为乌新，把古为拜格，温古孙为温都逊，耨盌为诺延，撒合烈为色赫哩，五塞为乌色，和速嘉为哈萨喇，能偃为纳雅，阿里仍其旧为阿里，班兀里为巴尔，聂散为尼沙，蒲速烈为富色里。次则封陇西郡者：乌古论为乌库哩，兀颜为乌雅，女奚烈为钮祜禄，独吉为通吉，黄掴为洪果，颜盏为延扎，蒲左里为博和哩，必兰为必喇，斡雷为斡哩，独鼎为都克塔，尼庞窟又作尼庞古为尼玛哈，拓特为托罗特，盍散为赫舒，撒答牙为沙达喇，阿速为阿苏，撒划为萨察，准土谷为卓多穆，纳谋鲁为纳木都鲁，业速布为雅苏贝，安煦烈为额苏哩，爱申为爱新，拿可为纳克，贵益昆为古勒浑，温散为斡色，梭罕为索欢，霍域为呼雅。次则封彭城郡者：唐括又作同古为唐古，蒲察为富察，尤甲为珠嘉，蒙刮亦作蒙括为蒙古，蒲速为伯苏，岳屯为鄂屯，斜卯为锡默，谙蛮为爱满，独虎尤鲁为都克塔哩，磨辇为摩年，益辇为伊年，帖暖为托诺，苏孛辇为苏伯林。

　　《金史·世纪》金之先出靺鞨氏，古肃慎地也。五代时附属于契丹，在南者籍契丹，曰熟女真；在北者不在契丹籍，号生女真。我朝盛京、兴京境内，皆老满洲打牲部落，错邻蒙古献归满洲者，亦以满洲统之。康熙后，以游牧之巴尔虎、厄鲁特隶黑龙江驻防，附打牲部落后，然非满洲部落。而满洲语称国初所属曰佛满珠，谓老满洲也。新附编入旗分者，曰伊彻满珠，谓新满洲也。与熟女真、生女真同义。三姓城皆新满洲所居，在阿尔楚喀城东二百余里，东西数百里。

# 卷 六

## 纪 述

《通考》夫余出名马、赤玉、貂、豽。豽似豹，无前足。大珠如酸枣。旧夫余俗，水旱不调、五谷不熟皆归咎于王。

《太平寰宇记》自后汉时夫余王葬用玉匣，常先付玄菟郡库，王死即迎取以葬。及平公孙渊，玄菟库犹得玉匣一具。晋时，夫余库有玉璧、圭瓒，数代之物，传以为宝。耆老言先代之所赐也。国中有故城名濊，盖古濊貊之地。其国有户八万，土宜五谷，无五果，多山陵广泽。其人性强勇谨厚，不寇钞。会同拜爵，揖让升降，有似中国。以腊月祭天，译人传辞，皆跪，手据地窃语。用刑严急，杀人者死，没其家人为奴婢。盗一责十二，男女淫，妇人妒，皆杀之。与北狄同俗，以弓、矢、刀、矛为兵，家自有铠仗，作城栅皆圆，有似牢狱。行人无昼夜，好歌吟，通日声不绝。有军事亦祭天，杀牛观蹄以占吉凶。蹄解者为凶，合者为吉。其死，夏月皆用冰。杀人殉葬，多者数百，厚葬，有棺无椁。其居丧，男女皆纯白。妇人著布面衣，去环佩，大体与中国仿佛焉。

《后汉书》夫余国以六畜名官。有马加、牛加、狗加，其邑落皆主属诸加。《三国志》夫余在长城之北，去玄菟千里。国有君王，皆以六畜名官，有马加、牛加、猪加、狗加、犬使。犬使者，使者。邑落有豪民，民下户皆为奴仆。诸加别主四出，道大者主数千家，小者数百家。有敌，诸加自战，下户俱担粮饮食之。郝经《续后汉书》与《三国志》同。恭读《高宗御制》曰：信如其言，所谓诸加者，何所取义乎？史称夫余善养牲，则畜牧必蕃盛。当各有官以主之，犹今蒙古谓典羊之官，曰和尼齐。和尼者，羊也。典马者曰摩哩齐，摩哩者，马也。典驼者曰特默齐，特默者，驼也。皆因所牧之物，以名其职，特官中之一二。志夫余者，必当时有知夫余语之人，译其司马司牛者，为马家、牛家，遂讹为马加、牛加。正如《周礼》之有羊人、犬人，汉之有狗监耳。若必以六畜名官寓贬，则郯子所对，少皞氏以鸟名官为鸟师，而鸟又何以称乎？（原文）谨案：马加、牛加始于范蔚宗、陈寿，历代史志，袭谬承讹。郝经无识，犹沿用之，不通音译也。远征周礼，近到蒙古，示万世折衷之准。

《太平寰宇记》挹娄有五谷、牛马、麻布，出赤玉、好貂，所谓挹娄貂是也。土气极寒，尝为穴居以处，以深为贵，大家至接九梯。好养豕，食其肉，衣其皮。冬，有豕膏涂身，厚数分，以御风寒。夏则裸袒。无文墨，以言语为约。坐则箕踞。土无盐铁。俗编发。将嫁娶，男以毛羽插女头，女和，则将归，然后致礼聘之。相窃盗，无少长皆杀之。虽野处而不相犯。有石砮、皮骨之甲，其人众虽少，而多勇力，处山险，又善射。弓长四尺，力如弩。矢用楛，长尺八寸，青石为镞，皆施毒，中人即死。邻国畏其弓矢，卒不能服也。

马韩人知田蚕，作绵布，出大栗如梨，有细尾鸡，尾长五尺。邑落杂居，无城郭，作土室形如冢，开户在上。不知跪拜。国邑虽有主帅，不能相制御。其葬有棺无椁，不知骑乘牛马，不贵金宝锦罽，惟重璎珠，以缀衣为饰，及悬颈垂耳。大率皆魁头露紒，布袍草履。其人勇壮，少年有筑室作力者，辄以绳贯脊皮，以杖捶绳，欢呼为健，终日力作，不以为痛。善用弓、楯、矛、橹，虽有斗争攻战，而贵相屈服。俗信鬼神，以五月耕种毕祭鬼神。昼夜酒会，群聚歌舞，舞辄数十人相随，踏地为节。十月农工毕，亦复如之。诸国邑各以一人主祭天地，号天君。又立苏涂，建大木以悬铃鼓，事鬼神。《魏志》曰：诸国各有别邑，为苏涂。诸亡逃至其中，皆不还。苏涂之义，有似浮屠。辰韩，其俗名国为邦，弓为弧，贼为寇，行酒为行觞，相呼皆为徒。诸小邑各有渠帅，大者名臣智，次有险侧，次有樊濊，次有杀奚，次有邑借，皆其官名。其人皆文身，便步战，兵仗与马韩同。其地肥美，宜五谷，知蚕桑，作缣布，乘驾牛马，嫁娶以礼。其俗男女有别，以大鸟羽送死，其意欲使死者神魂飞扬也。国出铁，濊倭皆从取之。凡诸贸易皆用铁，如中国用钱刀，又以供给二郡。俗喜歌舞，饮酒鼓瑟，瑟形如筑，弹之有音。人皆扁头。弁韩与辰韩杂居，言语风俗亦相似。惟祠祭鬼神有异。施灶皆在户西。备见《通考》。《太平寰宇记》记载略同。

《后汉书》辰韩儿生，欲其头偏，皆押之以石。范蔚宗不经之说也。恭读《高宗御制》曰：夫以石押头，壮夫且不能堪，而以施之初堕地之小儿，实非人情所宜。有间考《三韩建国始末》诸史，率多牴牾。以方位准之，盖在今奉天东北吉林一带，接壤朝鲜，与我国朝始基之地相近。国朝旧俗，儿生数日，即置卧具，令儿仰寝其中，久而脑骨自平，头形似扁。斯乃习而自然，无足为异。辰韩或亦类是耳。范蔚宗不得其故，从而曲为之解，甚矣其妄也。且如汉人生儿，常令侧卧，久而左右角平，头形似狭。蒙古人生儿，以韦带束之木板，植立于地，长则股形微箕。此亦皆习而自然，无足为异。藉如范蔚宗所言，岂汉人、蒙古亦皆以石押之，令其头狭而股箕乎（原文）。据事揆情，了如指掌，非历代纪载家所能仰企。

三韩命名，史第列马韩、辰韩、弁韩，不详称韩之义。陈寿《魏志》直云韩地、韩王。鱼豢《魏略》且以为朝鲜王为卫满所破，其子及亲留在国者，因冒姓韩氏。恭读《高宗御制》曰：国语及蒙古语皆谓君长为汗，韩与汗音相混。史载三韩数十国，意当时必有三汗分统之。史家既不知汗之为君。而庸鄙者，至误为族姓。何异扣槃扪籥以喻日哉？且中外语言不通，不能强为诠解者，势也。今夫天昭昭在上，人皆仰之。然汉语谓之天，国语谓之阿卜喀，蒙古语谓之腾格哩，西番语谓之那木喀，回语谓之阿思满。以彼语此，各不相晓。而人之所以敬，与天之所以感，则无不同。若必一一以汉字牵附臆度之，能乎不能？炳哉圣言，审音知义，昭若发蒙。

朝鲜有古三韩地，《书·序》成王既伐东彝，《传》云：海东诸国，句丽、扶余、豻貊之属。《正义》曰：《汉书》有高句丽、扶余、韩，无此豻。豻即韩也，音同字异尔。

国朝天聪元年，大贝勒阿敏、济尔哈朗等，征朝鲜至平壤。李倧惧，携妻子遁江华岛，贡献求和，寻背盟焉。崇德元年，上亲率和硕亲王代善，睿亲王多尔衮等征之，进围王都，破江华岛，获倧妻子及群臣眷属，乃朝服请降。慰谕赐宴，封李倧朝鲜国王。朝鲜君臣勒石纪事，其碑之铭曰：

天降霜露，载肃载育。惟帝则之，并布威德。皇帝东征，十万其师。殷殷轰轰，如虎如貔。西番穷发，暨夫北貊。执殳前驱，厥灵赫濯。皇帝孔仁，诞降恩言。十行昭回，既严且温。始迷不知，伊戚自诒。帝有明命，如寐觉之。我后祗服，相率而归。匪惟怛威，惟德之依。皇帝嘉之，泽洽礼优。载色载笑，爰束干矛。何以锡之，骏马轻裘。都人士女，乃歌乃讴。我后言旋，皇帝之赐。皇帝班师，活我赤子。哀我荡析，劝我稿事。金瓯依旧，翠坛维新。枯骨再肉，寒荄复春。有石巍然，大江之头。万载三韩，皇帝之庥。

《通考》沃沮在高句丽盖马大山之东，滨海而居，可千里。北与挹娄、夫余，南与涉貊接。户五千，无大君长，邑落各有长帅。其言语与句丽小异。卫满王朝鲜时，沃沮皆属焉。汉武帝元封三年，以沃沮城为四郡，后为彝貊所侵，徙郡句丽西北，今所谓玄菟故府是也。沃沮还属乐浪，汉以土地广远，在单单大岭之东，分置东部都尉。治不耐城，别主岭东七县。时沃沮亦皆为县。汉光武六年，省边郡，都尉由此罢。其后皆以为县中，渠帅皆自称三老。则古县国之制也。魏毌丘俭讨句丽。句丽王宫走沃沮，遂进师击之。沃沮邑落皆破，宫走北沃沮。沃沮一名置隔娄，去南沃沮八百余里，其俗南北皆同。

《太平寰宇记》沃沮，后以国小，迫于大国之间，遂臣服句丽。后以其中大人为使者，使相为主领，又使大加统之。责其租税，貂、布、鱼、盐、海中食物，千里担负致之，又发其美女以为婢妾焉。

沃沮地户五千，土美肥，背山向海，宜五谷，美田种。无大君长，有邑落长帅。人性质直强勇，便持矛步战。言语、饮食、居处，有似句丽。

涉亦朝鲜之地，南与辰韩，北与高句丽、沃沮接。东穷大海，西至乐浪。汉武帝元朔元年，涉君南闾等叛朝鲜，率二十八万口，诣辽东内属。帝以其地为沧海郡。数年乃罢。元封三年灭朝鲜，分置四郡。昭帝时，并二郡入乐浪、玄菟，复徙玄菟居句丽。自单大岭以东，沃沮、涉貊并属乐浪。后以境土广远，复分岭东七县，置乐浪东部都尉。光武建武六年，省都尉官，遂弃岭东地，悉封其渠帅为县侯，皆岁时朝贺。无大君长。自汉以来，其官有侯、邑君、三老，统主下户。其著旧，自谓与高丽同种，言语大抵相类。俗多忌讳，疾病死亡即弃旧宅。常以十月祭天，昼夜饮酒歌舞，名曰舞天。又祭虎，以为神。其邑落有侵犯者，辄相责罚牛马，名曰责祸。地多文豹，有果下马，高三尺，乘之可于果树下行。其海出斑鱼皮，汉时常献之。

《后汉书·高句丽传》俗节于饮食，而好修宫室，好祀鬼神、社稷、灵星，以十月祭天，大会，名曰东盟。其国东有大穴，号禭神，亦以十月迎而祭之。东盟亦作东明，灵亦作零。《通考》高句丽信佛法，敬鬼神。有神庙二所：一曰夫余神，刻木作妇人像。一曰高登神，云是其始祖夫余神之子，并置官司，遣人守护，盖河伯女、朱蒙云。崇宁后，始学鼓铸。有海东通宝、重宝、三韩通宝三种钱。

《太平寰宇记》高句丽凡有五族：有消奴部、绝奴部、顺奴部、灌奴部、桂娄奴部。本消奴部为王，稍微弱后桂娄奴部代立。其置官有相加、对卢、沛者、古雏、大加、主簿、优台、使者、皂衣先人。其公会衣服皆锦绣，金银以自饰。大加、主簿，皆著帻如冠。帻如无，后加著折风，形如弁。无牢狱。有罪，诸加评议，便杀之。没入妻子为奴婢。兵器有甲、弩、弓、箭、戟、稍、铤，习战斗，好寇钞。沃沮、东涉皆属焉。又有小水貊。句丽作国依水而居。地出好弓，所谓貊弓是也。自东晋以后，其王所居平壤城，亦曰长安城。城内惟积仓储、器械，寇至，方入固守。王别为宅于其侧。其外有国内城及汉城，亦别都也。有辽东、玄菟等数十城，皆置官司，以相统摄。其国中书籍有五经、三史、《三国志》《晋阳秋》《玉篇》《字统》《字林》。唐武德四年，遣使朝贡。其国建官有九等：其一曰土捽，旧名大对庐，总知国事；次曰太大兄；次郁折，华言主簿；次太大夫使者；次皂衣头大兄，东彝相传所谓皂衣先生者也。以前五官掌机密，谋政事，征发兵马，选授官爵。次大使者，次大兄，次收位使者，次上位使者，次小兄，次诸兄，次过节，次不过节，次先人。又有状古雏加。掌宾客，比鸿胪卿，以大夫使者为之。又有国子博士、太学博士、舍人、通士、典书客，皆小兄弟以上为之。又其诸大城置傉隆，比都督。诸城置处闾近支，比刺史，亦谓之道使。其武官曰大模达，比卫将军，以皂衣头大兄以上为之。次末克，比中郎将，以大兄以上为之。其次领千人以下，各有等差。

其国婚娶之礼，略无财币。若受财者，谓之卖婢，俗甚耻之。父母及夫丧，其服制同于华夏。兄弟则服以三月。乐有五弦琴、筝、筚、篥、横吹、箫、鼓之属。赋税则绢、布及粟，随其所有，量贫富差等输之。有马皆小，便登山，本朱蒙所乘马种，即果下马也。畜有牛、豕，豕多白色。其人性凶急，有气力，好战。其地多山谷，无源泽，随山谷而居。少田业，力作不足以自资。跪拜伸一足，行步皆如走。

《北史·高句丽传》人戴折风巾，形如弁，士加插二羽，贵者紫罗为之。服大袖衫，大口袴，素皮带，黄革履。齐武帝永明中，使至，服穷袴，冠折风，中书郎王融戏之曰：服之不衷，身之灾也，头上定是何物？答曰：此则古弁之遗象也。王融失辞矣。

《太平寰宇记》勿吉其国，有大水，阔三里余，名达末水。其地下湿，筑堤凿穴以居。屋形象冢，开口于上，以梯出入。无牛，有车马，田则耦耕，车则步推。有粟及麦穄，菜则有葵，水气碱凝，盐生树上，亦有盐池。多猪无羊，嚼米酝酒，饮能致醉。妇人则布裙，男子衣猪犬皮裘，头插虎豹尾，善射猎。

百济其人土著，地多下湿，率皆山居。王号于罗瑕，百姓呼为鞬告支，王妻号于陆。官属有十六品：左平一品，达率二品，恩率三品，德率四品，扞率五品，祭率六品，以上冠饰银花；将德七品紫带，施德八品皂带，古德九品赤带，季德十品青带；对德十一品，文督十二品，皆黄带；武督十三品，佐军十四品，振武十五品，尅虞十六品，皆白带。统兵以达率、德率、扞率为之。人庶及余小城咸分隶焉。其王以四仲月祭天及五帝之神。每岁四祀其始祖仇台之庙。案：百济，后汉末夫余王尉仇台后也。

其衣服，男子略同于高丽。拜谒之礼，两手据地为敬。妇人衣似袍，而袖微大。在室者，编发盘于首后，垂一道为饰；出嫁者，乃分为两道焉。兵有弓箭、刀稍，重骑射，兼爱坟史。其秀异者，颇解属文，又解阴阳五行，亦解医药、卜筮、占相之术，有投壶、樗蒲等戏，然尤尚弈棋。僧尼寺塔甚多，而无道士。赋税以布、绢、麻、木等。婚娶之礼，略同华俗。父母及夫死，三年持服，馀亲则葬讫除之。气候温暖，五谷、杂果、蔬菜及酒醴肴馔、乐器之属，多同于内地。惟无驼、驴、骡、羊、鹅、鸭等。西南海中有三岛，其上多黄漆树，似小枕树而大。六月辄取其汁，漆器物，色如黄金，其光夺目。

高丽与百济，南北朝皆通朝贡。百济尤勤，屡膺朝命。宋高祖诏曰：使持节督百济诸军事、镇东将军、百济王映执义海外，远修贡职。惟新告始，宜荷国休。太祖诏曰：皇帝问使持节都督百济诸军事、镇东将军、百济王累叶忠顺，越海效诚。慕义既彰，厥怀亦款。浮桴骊水，献琛执贽。故嗣位方任，以蕃东服。勉勖所莅，无坠前踪。齐武帝诏曰：于戏！惟尔世袭忠勤，诚著遐表。海路澄清，要贡无替。式循彝典，用纂显命，敬膺休业，可不慎欤！梁武帝诏曰：守藩海外，远修职贡。乃诚款到，朕有嘉焉。宜率旧章，服兹荣命。后与高丽相攻伐，以诉于朝。魏孝文帝诏曰：卿处五服之外，不远山海，归命魏阙。欣嘉至意，用戢于怀。卿与高丽不睦，屡致陵犯，苟能顺义，守之以仁，亦何忧于寇仇也。又曰：知高丽阻强，侵轶卿土，修先君之旧怨，弃息民之大德。兵交累代，难结遐荒。使兼申胥之诚，国有楚越之急。乃应展义扶微，乘机电举。但以高丽称藩先朝，供职日久。于彼虽有自昔之衅，在国未有犯令之愆。卿使命始通，便求致伐讨，寻事会理亦未周。故往年遣礼等至平壤，欲验其由状。然高丽奏请频烦，辞理俱诣，行人不能抑其请，司法无以成其责，故听其所启，诏礼等还。若今复违旨，则过咎益露。后虽自陈，无所逃罪，然后兴师讨之，于义为得。然诏使终为高丽所隔，又遭飓风不达。隋文帝平陈之岁，一战船漂至躭牟罗国，得还。途经百济，资送甚厚，并遣使贺平陈。诏曰：百济往复至难，若逢风浪，便至伤损。百济王心迹纯至，朕已委知，相去虽远，事同言面，何必数遣使来。自今以后，不必年别入贡，朕亦不遣使往，王宜知之。属兴辽东之役，请为军导。诏曰：往岁，为高丽不供职贡，无人臣礼，故命将讨之。高元君臣，畏服归罪。朕已赦之，不可致伐。高丽颇知其事，以兵侵掠其境。及后通好，又与新罗世为仇敌。唐太宗赐玺书曰：王世为君长，抚有东蕃，海隅遐旷，风涛艰阻。忠款之至，职贡相寻。尚想徽猷，堪以嘉慰。新罗王金真平，王之邻国，每闻遣师，征讨不息。阻兵安忍，殊乖所望。朕已对王侄福信及高丽、新罗使人具敕通和，咸许辑睦。王必须忘彼前怨，识朕本怀，共笃邻情，即停兵革。其王遣使陈谢，实相仇如故。高宗又降玺书曰：海东三国，开基自久，地实犬牙，近代以来，遂构嫌隙，战争交起。朕代天理物，载深矜悯。去岁，新罗使金法敏奏书，乞诏百济，令归所侵之城。若不奉诏，即自兴兵打取，但得故地，即请交和。朕以其言既顺，不可不许。王所兼新罗之城，并宜还其本国。王若不从，朕已依法敏所请，任其决战，亦令约东高丽，不许救恤。高丽若不从命，即令契丹诸蕃渡辽泽入钞掠，王可深思朕言，自求多福。然新罗北界，终为百济没三十余城。显庆五年，遂致苏定方之讨。

当梁太清时，百济王夫余明遣使贡献。及至，见城阙荒毁，并号恸涕泣。侯景怒，囚执之。景平乃得还国。及苏定方讨破其国，掳其王义慈等归京师。史称义慈事亲以孝行闻，友于兄弟。时人号海东曾闵，忠孝大节，遐荒末裔，君臣犹有传者，足以风矣。

《通考》新罗官以亲属为上。其族第一骨。第二骨以自别王族。等一骨妻亦其族。生子皆为第一骨。不娶第二骨女，虽娶，常为妾媵。官有宰相、侍中、司农卿、太府令，凡十有七等。第二骨得为之事，必与众议号和白。一人异则罢。宰相家不绝禄，奴仆三千人，甲兵牛马猪称之。畜牧海中山，须食乃射，息米谷于人，偿不满，佣为奴婢。食用柳杯若铜瓦。男子褐袴，妇长襦，见人必跪，则手据地为恭。不粉黛，率美发以缭首，以珠绡饰之。男子剪发，鬻冒以黑巾。市皆妇女货贩。冬则作灶堂中，夏以食置冰上。畜无羊，少驴骡，多马。马虽高大，不善行。

《太平寰宇记》新罗呼城曰建牟罗。其邑在内曰喙评，在外曰邑勒，亦犹中国之言郡县也。国有六喙评，五十二邑勒。官有十七等：其一曰伊罚于，贵如相，次尺于，次迎于，次破弥于，次大阿尺于，次阿尺于，次乙吉于，次沙咄于，次及伏于，次大奈摩于，次奈摩，次大吉，次小舍，次吉士，次大乌，次小乌，次造位。外有郡县。其文字、甲兵，同于中国。选人之壮健者，悉入军锋戍逻，俱是营长部伍。土地肥美，种植五谷，多桑麻果菜，鸟兽物产略与华同。风俗、刑政、衣服略与高丽、百济同。而朝服尚白。好祭山神，重元日，每以其日拜日月神。

新罗辞令有中国风。开元十一年献果下马。表曰：乡居海曲，地处遐陬，原无泉客之珍，本乏宾人之贡。辄将方产之物，尘渎天宫；驽骞之材，淬秽龙厩。窃方燕豕，敢类楚鸡。深觉觍颜，弥增汗颤。二十一年，赐其国王兴光白鹦鹉雄雌各一，及紫罗绣袍，金银钿器，物瑞文锦，五色罗绵三百余段。谢表曰：地隔蓬壶，天慈洽远。乡暧华夏，睿泽覃幽。伏睹琼文，跪披玉匣。含九霄之雨露，带五采之鹕鸾。辩慧灵禽，素苍两妙。或称长安之乐，或传圣主之恩。罗锦彩章，金银宝钿，见之者烂目，闻之者惊心。微效若尘，重恩如岳，循涯揣分，何以上酬？

唐高祖命员外散骑侍郎朱子奢，和解高丽、新罗之隙，高丽请与新罗对使会盟。新罗王金真平之女善德，嗣立为王，国人号圣祖皇姑者，上言高丽、百济侵轶状。太宗谓使臣曰：我频使人和尔三国。高丽、百济旋踵悔。我少发边

兵，总契丹靺鞨，直入辽东，尔国自解，可缓一年之围。此后知无继兵，还肆
侵侮，四国俱扰，于国未安，此为一策。我又能给尔数千朱袍、丹帜，二国兵
至，建而陈之，彼以为我兵，必皆奔走，此为二策。百济负海之险，不修兵械，
我以数十百船，载卒泛海，直袭其地，此为三策。尔国以妇人为主，为邻国轻
侮。我遣一宗支以为尔国主。国安，任尔自守，此为四策。尔宜思之。将从何
事，使者但唯而无对。于是，遣相里元奖赍玺书赐高丽曰：新罗委命，国家朝
贡不阙。尔与百济宜即戢兵。若更攻之，明年即出师击尔国矣。盖苏文谓元奖
曰：高丽、新罗怨隙已久。往者隋室相乘，新罗乘衅夺高丽五百之地，自非反
地还城，此兵恐未能已。元奖曰：既往之事，安可追论。苏文竟不从。元奖初
至平壤，盖苏文又破新罗两城。诏令营州都督张俭等，率幽、营二都督兵马问
罪。及永徽元年，新罗破百济之众，遣使以闻。六年遣营州都督程名振、左卫
中郎将苏定方，发兵一万讨高丽，以侵掠新罗故也。时新罗王为金春秋。当金
善德卒，其妹真德袭王，破百济者，真德时也。真德遣子文王及弟赞子春秋来朝。
太宗拜文王左武卫将军。春秋特正尝改章服从中国。开元间有金思兰者，新罗
行人，恭而有礼，留充宿卫。史称新罗为君子之国，有征矣。

唐高宗永徽元年，新罗王金真德攻百济，破之。春秋子法敏入朝，真德
织锦为颂以献曰：巨唐开洪业，巍巍皇猷昌。止戈成大定，兴文经百王。统
天崇雨施，治物体含章。深仁谐日月，抚运迈时康。旛旗既赫赫，钲鼓何锽锽。
外彝违命者，翦覆被天殃。淳风凝幽显，遐迩竞呈祥。四时和玉烛，七曜巡万方。
维岳降宰辅，维帝任忠良。五五成一德，照我唐家唐。典重喬皇，得揄扬体。

高丽盖苏文杀其王高武，自为莫支离总选兵，犹吏部、兵部尚书也。号令
远近，遂专国命。须面甚伟，形体魁杰。衣服冠履，皆饰以金彩，身佩五刀。
常挑臂高步，意气豪逸，左右莫敢仰视。恒令武官、贵人俯伏于地，登背下马。
唐太宗以其杀君虐民，出师吊伐。谏议大夫褚遂良谏莫能止。贞观十八年始，
迄高宗总章元年，苏文死。司徒李勣攻拔夫余城，再拔平壤，乃平其国。时
侍御史贾言忠引《高丽秘记》云：不及九百年，当有八十老将来灭。谓自前
汉末，高丽氏有国土，今九百年矣。李勣年八十六，与符记相同。终以李勣
藏其事。当贞观二十八年，司空房玄龄病亟，谓诸子曰：当今天下清谧，咸
得其宜。惟东讨不庭，方为国患。主上含怒意决，臣下莫敢犯颜。吾死不言，
可谓衔恨入地。遂封表谏曰：臣闻兵恶不戢，武贵止戈。当今圣化所覆，无
远不泊，上古所不臣者，陛下皆得臣之；所不制者，皆能制之。详观古今为
中国患害者，无过突厥。能坐运神略，不下殿堂，大小可汗，相次束手。分
典禁卫，执戟行间，其后延陀鸱张，寻就夷灭。铁勒慕义，请置州县。沙漠

以北，万里无尘。至如高昌叛涣于流沙，吐浑首鼠于积石。偏师北下，俱从平荡。如高丽者，历代逋诛，莫能讨击。陛下责以逆乱，弑主虐人，亲统六军，问罪辽碣。未经旬日，即拔辽东。前后虏获，数十万计。分配诸州，无处不满。雪往代之宿耻，掩崤陵之枯骨。比功校德，万倍前王。此圣主之所自知，微臣安敢备说。且陛下仁风被于率土，孝德彰于配天。兼众美而有之，靡不备具。微臣深为陛下惜之，重之，爱之，宝之。《易》曰：知进而不知退，知存而不知亡。又曰：知进退存亡，而不失其正者，其惟圣人乎？由是言之，进是退之义，存是亡之机，得是丧之理。微臣所以为陛下惜之，盖谓此也。老子曰：知足不辱，知止不殆。臣谓陛下威名功德，亦可足矣。拓地开疆，亦可止矣。彼高丽者，边夷贱类，不足待以仁义，不可责以常礼。古来以鱼鳖畜之，宜从阔略。若必欲绝其种类，恐兽穷则搏。且陛下每决死囚，必命三覆五奏，进素食，停音乐。盖以人命所重，感动圣慈也。况今兵士之徒，无一罪戾，无故驱之于戎阵之间，委之锋刃之下，使肝脑涂地，魂魄无归。令其老父、孤儿、寡妻、慈母，睹辁车而掩泣，抱枯骨而摧心。足以变动阴阳，感伤和气。实天下之冤痛也。且兵凶器，战危事，不得已而用之。向使高丽违失臣节，而陛下谋之可也。轻轶百姓，而陛下灭之可也。久长为中国之患，而陛下除之可也。有一于此，虽日杀万夫，不足为愧。今无此三条，坐烦中国。内为旧主雪怨，外为新罗报仇。岂非所存者小，所损者大？愿陛下遵皇祖止足之戒，以保万代巍巍之功。发需然之恩，降宽大之诏。顺阳春以布泽，许高丽以自新。自然华彝庆赖，远肃迩安。臣老病三公，朝夕入地。谨罄残魂余息，结草之诚。倘蒙录此哀鸣，即臣死且不朽。

后至咸亨元年，其余类有酋长剑牟岑者叛，立高藏外孙安为王。令左卫大将军高偘讨平之。余众散投新罗、靺鞨，国为靺鞨所据。高氏遂亡。武后圣历二年，鸾台侍郎平章事狄仁杰，奏请拔安东镇，复其君长曰：臣闻先王疆理天下，皆是封域之内制井田，出兵赋。其有逆命者，因而诛焉。罪其君，吊其民，存其社稷，不贪其财。非欲土地之广，非贪玉帛之货。至汉孝武，藉四帝之资储，于是定朝鲜，讨西域，平南越，击匈奴，府库皆空，道贼蠭起。百姓嫁妻卖子，流离于道路者万计。于是榷酤市利，算及舟车，笼天下货财，而财用益屈。末年觉悟，息兵罢役。封丞相为富民侯。然而汉室中微，衅由此起，岂不惑哉。人有四肢者，所以扞头目；君有四方者，所以卫中国也。然以蝮蛇在手，既以断节全身；狼戾一隅，亦宜弃之全国。汉元帝罢珠崖之郡，宣帝弃东师之国。非恶多而好少也。知难即止，是为爱人。今以安中分为两运，风波漂荡，没溺至多。惟兵粮尤苦不足。且中国之于蕃彝，天文自隔。

辽东所守，已是石田；靺鞨遐荒，更为鸡肋。今欲肥四彝而瘠中国，恐非通典。且得其地不足以耕织，得其人不足以赋税。臣请罢薛讷，废安东镇。三韩君长，高氏为其主。诚愿陛下体存亡继绝之义，复其故地。此之美名，高于尧舜远矣。两表谠论名言，谏虽不行，公忠之心，昭揭千古。高氏由此倾覆。仪凤初，委于新罗。开元后，并于渤海。唐亦未能终有其地。

新罗有张保皋、郑年者，皆善战，工用枪。年复能没海，履其地五十里不噎。角其勇健，保皋不及也。年兄呼保皋，保皋以齿年。以艺常不相下，自其国皆来，为武宁军小将。后保皋归新罗，谒其王曰：遍中国以新罗人为奴婢，愿得镇清海，使贼不得掠人西去。清海，海路之要也。王与保皋万人守之。自太和后，海上无鬻新罗人者。保皋既贵于其国。年饥寒，客涟水。一日谓戍主冯元规曰：我欲东归，乞食于保皋。元规曰：若与保皋所负何如，奈何取死其手？年曰：寒死不若兵死快。遂去谒。保皋饮之极欢。饮未卒，闻大臣杀其王，国乱无主。保皋分兵五千人与年，持年泣曰：非子不能平祸难。年至其国，诛反者立王以报。王遂召保皋为相。以年代守清海。尝论保皋蠲私怨，急公家，推贤让能，有古名臣风。非仅绨袍存旧也。年不负所托，亦人杰哉。定难立君，当在开成会昌间，惜史莫能纪。

唐开元二十五年，遣左赞善大夫邢璹摄鸿胪少卿，往册封新罗王。将发，上制诗序。太子以下及百僚咸赋诗以送。上谓璹曰：新罗为君子之国，颇知书记，有类中华。以卿学术，善于讲论，故选使充此。到彼宜阐扬经典，使知大国儒教之盛。又闻其人多善弈，因令善棋人率府兵曹杨季鹰为璹之副。璹等至彼，大为蕃人所敬。其国棋者皆季鹰之下，于是厚赂璹等金宝及药物等。

唐咸亨四年，燕山道总管李谨行破高丽叛党于瓠卢河之西。平壤余众循入新罗。谨行，靺鞨人，赐姓李氏，右卫将军突地稽之子。伟貌，武力绝人。麟德中，历迁营州，都督其部落。武德初徙于幽州昌平城。家僮数千人，以财力雄边。累拜右领军大将军，为积石道经略大使。吐蕃论钦陵等众十万寇湟中。谨行兵士樵采，素不设备，猝闻贼至，建旗伐鼓，开门待之。吐蕃疑有伏，不敢进。上元三年，又破吐蕃数万众于清海。玺书勉劳，累授右卫大将军，封燕国公。

《通考》渤海俗谓父曰可毒，夫曰圣，主曰基下，其命为教。王之父曰老王，母太妃，妻贵妃。长子曰副王，诸子曰王子。官有宣诏省、中台省、政堂省。有左、右相，左、右平章，侍中，常侍，谏议。又有左六司忠仁义部，右六司智礼信部，各有郎中、员外。又有武员，左右卫大将军之属。大抵宪象中国之度。服章亦有紫绯、浅绯、绿及牙笏，金银鱼之制。

《松漠纪闻》渤海国去燕京及女真所部，皆千五百里。以石垒城脚，东并海。其王以大为姓。右姓曰高、张、杨、窦、乌、李，不过数种部曲。奴婢无姓，皆从其主。男子多智谋骁勇，出他国右。至有"三人渤海当一虎"之语。契丹太祖灭其王大谭谍，徙其名帐千余户于燕。给以田畴，蠲其赋入。往来贸易关市，皆不征。有战则用为前驱。天祚之乱，聚族立姓大者为王，金人讨之，军未至，其贵族高氏弃家降，言其虚实，城遂陷。

《辽东行部记》：沈州在唐时尝为高丽侵据。唐季不能勤远，为大氏所有，传国十余世。当五代时，契丹与渤海血战数十年，竟灭其国。于是辽东之地尽入于辽。

辽国兵制，诏诸道征兵。惟南北奚王、东京渤海兵马，虽奉诏，未敢发兵。必以闻，及遣大将，持金鱼符合，然后行。见《兵卫志》。

五国头城，以自此城而东，分五国，故名。《契丹国志》：女真东北，与五国为邻。五国之东接大海，出名鹰。自海东来者，谓之海东青。辽人酷爱，岁岁求之女真至五国，战斗而后得。《通考》云：先是女真岁以北珠、貂、革、名马、良犬及俊鹰海东青，贡于契丹。海东青者，小而健，能禽天鹅，爪白者尤为异，出于五国之东，契丹酷爱之，然不能自致。每岁大寒，契丹必遣使来，趣发甲马数百入五国界，即巢穴取之，往往争战而得。及契丹主延禧嗣位，责贡尤苛。至遣鹰坊子千辈，越长白山罗取，岁甚一岁。宋徽、钦二帝于天会八年，自韩州如五国城，即此。高士奇《扈从录》云：自宁古塔东行六百里，曰羌突里葛尚。松花、黑龙二江合流于此。有大土城，或云五国城。

《通考》：女真盖肃慎氏地，姓挐氏。又云完颜氏官之尊者，以九曜二十八宿为名职，皆曰勃极烈。自五户上而推之至万户，皆自统兵，缓则射猎。宗室谓之郎君。事无大小皆听之，虽卿相亦拜马前而不为礼，役使如奴隶。凡用兵以戈为前行，号硬军。刀楯自副，弓矢在后。弓力不过七斗，箭镞至六七寸，形如凿，入不可出。非五十步不射。其人十、五、百皆有长，伍长击柝，十长执旗，百长挟鼓。千人将则旗帜、金鼓悉备。伍长死，四人皆斩；十长死，伍长皆斩；百长死，十长皆斩。将相执旗，其下视所向。无尊卑，皆自驭马。粟粥燔肉为食，上下无异品。有大事，适野环坐，画灰而议。自卑者始。议毕，不闻人声。将军发大会而饮，使人献策，主帅择而听焉。合者则为特将，任其事。师还，又大会。问有功者，赏之金帛。先举以示众，众以为少则增之。守一州者，许专决僚属，其有官者将决，坐之庑间，赐以酒。尊者杖于堂上，已决，事如故。取民钱者无罪。

契丹目女真曰虑真。地多山林。俗勇悍、善射。能为鹿鸣，以呼群鹿而射之。

食生肉，饮糜酒。兽多野猪、野牛、驴之类。出行以牛驮物，遇雨将牛革以御之。所居以桦皮为屋。地多良马，常至中国贸易。

契丹延禧天庆二年，钓鱼于混同江。凡生女真酋长，在千里内者，以故事皆来会。酒酣，使诸酋歌舞为乐。金太祖独端立直视，辞以不能。谕之再三，讫不听，欲以事诛之。以枢密使萧奉元谏，乃止。太祖遂用同族粘罕、胡舍为谋主，银尤割、奚烈、娄宿、阇母等为将帅。败高仙寿、萧嗣先等军。延禧亲征大败。又败高仙寿军，陷宁江州。又破萧嗣先军于白江，走张琳、吴庸，破武朝彦于徕流河。率皆骑兵，刻小木牌系于人马为号。每五十人为一队，前二十人，被重甲，持戈矛；后三十人，轻甲，操弓矢。每遇敌则两人跃马而出，观阵虚实，然后四面结队驰击。百步之外，弓矢齐发。胜则整阵缓进，败则复聚而不散。其分合出入，应变周旋，人自为战。初延禧亲征，下诏有翦除之语。太祖聚众曰：吾与汝辈起行伍，苦契丹之暴，欲立国耳。今乃欲尽行翦除，非人人效死，恐不能当。不如杀我一族而降，可转祸为福。诸酋罗拜曰：事已然，愿尽死。以是战无不胜。

完颜氏始未有文字。景祖第八子阿离合懑，于祖宗族属时事，并能默记，与斜葛同修本朝谱牒，是为制字之始。太祖时，命欢都之子谷神撰本国字，依汉人楷字，因契丹字制度，合本国语，制女真字。天辅三年，字书成，颁行之。其后熙宗亦制女真字，谓之小字，谷神所制谓之大字。谷神今作希尹。

契丹时，咸州兵马司所隶女真，谓之辉发。辉发本黑龙江泥马察部人。国初，有其部人旺吉努者，招服诸部于河边，筑城以居，因号辉发。国本属扈伦，金代部落之遗也。万历二十有二年，叶赫、哈达、辉发、乌拉、科尔沁、锡伯、卦勒察、珠舍里、讷殷，合九国之师三万侵我。太祖率诸贝勒，拜堂子启行，至古呼山据险而阵。时敌方攻赫济格城。命额亦都以百骑挑战。敌罢攻来战。叶赫贝勒布齐、科尔沁贝勒明安，身先督阵。布齐马触木而踣，我兵斩之。明安马陷淖，弃鞍跨骣马遁，众军遂溃。乘胜逐北，斩级四千，获马三百，铠胄千，并禽乌拉贝勒之弟布占泰。二十五年，叶赫、哈达、辉发结盟缔姻。三十五年，辉发贝勒以所部多叛归叶赫，遣使求质以树援，复信叶赫之诳，索还其子，以质于叶赫。所约之婚，亦背不来取。筑坚城以拒守。是年彗星东指辉发国，我太祖征之，国遂亡。时辛未九年。

满州，初为部落名。国书本作满珠，二字皆平读。乾隆四十二年上谕，我朝肇兴时，旧称满珠。所属曰珠申，后改称满珠。而汉字相沿讹为满洲，其实即古肃慎为珠申之转音。

谨案《发祥世纪》：长白山之东有布库哩山，其下有池，曰布勒瑚哩，相传三天女浴于池，有神雀衔朱果，置季女衣。季女含口中，忽已入腹，遂有身。寻产一男，生而能言，体貌奇异。及长，天女告以朱果之故。因锡之姓曰爱新觉罗，名之曰布库哩雍顺。与之小舠，且曰：天生汝以定乱国，其往治之。天女遂凌空去。于是乘舠东流至河步。折柳枝及野蒿为坐具，端坐以待。时长白山东南鄂谟辉之地（一作俄漠惠），有三姓争为雄长，日搆兵相仇杀。适一人取水河步，归语众曰：汝等勿争，吾取水河步，见一男子，察其貌非常人也。天不虚生此人。众皆趋问，答曰：我天女所生，以定汝等之乱者。且告以姓名。众曰：此天生圣人也，不可使之徒行，遂交手为舁，迎至家。三姓者，议推为主，遂妻以女，奉为贝勒。居长白山东鄂多理城，建号满洲，是为开基之始。灵异昭著，商之玄鸟降生，周之高禖履武，奚以加焉。

　　高宗御制四言诗，纪其事。天女所浴之布勒瑚哩池，经钦定，即在长白山，以肇迹于东。至今西藏每岁献丹书，敬称曼珠师利大皇帝。翻译名义，曰曼珠，华言妙吉祥也。又作曼殊。室利《大教王经》曰：释迦牟尼，师毗卢遮那如来。而大圣曼殊室利为毗卢遮那本师。殊、珠音同，室利一音，称号实本诸此。汉字作满洲，以洲字义近地名，假借承用。

　　《满洲源流考》列兴安岭未及分界石碑事。当明之季，我大清兵定黑龙江、索伦、达瑚拉等部。俄罗斯之罗刹部，亦踰外兴安岭，侵逼黑龙江北岸之雅克萨、尼布楚二地。两师相值，各罢兵。又南侵布拉特、乌梁海。崇德四年，大兵毁其木城，未及戍守。顺治初，罗刹复筑城据之。索伦、达虎尔二部本居额尔古纳河及净溪里江间。地与接壤，亦被侵扰。康熙十五年入贡，犹潜侵不退。二十一年，都统公彭春进讨，已乞降，犹据雅克萨如故。二十四年，黑龙江将军萨布素等进兵围之。二十五年，遣使请撤围，定边界。二十八年，遣内大臣索额图等与其使臣费要多罗等会议于尼布潮，于格尔必齐河口东岸立石为志，勒满、汉字及俄罗斯、拉提诺、蒙古字于上。俄罗斯字，横行自左而右。东合拉提诺，西合托忒、乌珠克诸体。拉提诺者，西洋字；托忒者，厄鲁特字；乌珠克者，蒙古字也。其文曰：

　　大清国遣大臣与俄罗斯国议定边界之碑。一、将由北流入黑龙江之绰尔讷，即乌伦穆河相近格尔必齐河为界。循此河上流不毛之地，有石大兴安以至于海。凡山南一带之溪河，尽属俄罗斯。一、将流入黑龙江之额尔古纳河为界，河之南岸属于中国，河之北岸属于俄罗斯。其南岸之眉勒尔客河口，所有俄罗斯房舍迁徙北岸。一、将雅克萨地方俄罗斯所修之城尽行除毁，雅克萨所居俄罗斯人民及诸物用，尽行撤往察汗汗之地。一、凡猎户人等，断不许越界。如有一二小人，擅自越界捕猎偷盗者，即行禽拿，送各地方该管官。该管官照所犯轻重惩处。或十人或十五人相聚持械捕猎、杀人、抢掠者，必奏闻，即行正法，不以小故阻坏大事。仍与中国和好，毋起争端。一、从前一切旧事不议外，中国所有俄罗斯之人，及俄罗斯所有中国之人，仍留，不必遣还。一、今既永相合好，以后一切行旅，有准令往来文票者，许其贸易不禁。一、和好会盟之后，有逃亡者，不许收留，即行遣还。

咸丰十年，申旧好，议新界。经和硕恭亲王与其国大臣伊格那替业福议定，载诸和约。曰此后两国东界，定为由什勒喀、额尔古纳两河会处，即顺黑龙江下流至该江，乌苏里河会处，其北边地，属俄罗斯国；其南边地，至乌苏里河口所有地方，属中国。自乌苏里河口而南上，至兴凯湖，两国以乌苏里及松阿察二河作为交界。其二河东之地，属俄罗斯国；二河西属中国。自松阿察河之源，两国交界踰兴凯湖，直至白稜河。自白稜河口顺山岭至瑚布图河口，再由瑚布图河口，顺珲春河，及海中间之岭，至图们江口，其东皆属俄罗斯国，其西皆属中国。两国交界与图们江之会处，及该江口相距不过二十里，绘画地图内以红色分为交界之地，上写俄罗斯国阿巴瓦噶达耶热皆伊亦喀拉玛那倭怕啦萨土乌等字。又曰：上所言者，乃空旷之地，遇有中国人住之处，及中国人所占渔猎之地，俄国均不得占，仍准中国人照常渔猎，从立界牌之后，永无更改，并不侵占附近及他处之地。案：国初分界石碑，在齐齐哈尔城西北二千五百里，黑龙江城西北一千七百九十里，格尔必齐河东岸。河源出西北兴安岭，东流入黑龙江。额尔古纳河源出枯伦湖，北流八百余里，会东来之数水，入黑龙江。河之北岸，即俄罗斯，在齐齐哈尔城西北二千里。眉勒尔客河，在齐齐哈尔城西北一千五百七十里。新界所分之乌苏里河，源出希喀塔山。北流，会诸河为一。又北，受兴凯湖流出之松阿察河，流经千余里，会混同江，东北流入海。即古胡里改江也，在宁古塔城东一千余里。兴凯湖周围数百里，湖之南诸山中流出之门河、乌渣虎河、勒福河、都忒黑等河，皆汇焉。又自湖东北流出，为松阿察河，东北流注于乌苏里河，即《明统志》之镜泊，在宁古塔城东南七百里。松阿察河即兴凯湖东北流出之水也。又东北汇于乌苏里河，在宁古塔城东南九百里。白稜河源出白稜窝集，东北流，会数水，凡五百余里，入乌苏里河。在宁古塔城东四百里。珲春河本作浑春，亦作浑蠢，源出通恳山，会诸小水，西南流入图们江。《金史·世纪》有浑蠢水与统们水合流。《金史·留可传》：留可、统门、浑蠢水合流之地乌古伦部人，即此珲春也。在宁古塔城东南六百里。图们江，本作统门，音转为土门，又作徒门，今作图们，源出长白山，东北流，绕朝鲜北界，又东南折，会诸水入于海。《明志》有徒门河，流经建州卫，东南一千

启东录皇华纪程

边疆叛迹

里入于海。《通志》云，《明统志》有阿也苦河，源出长白山，东流入海。今长白之水东流者，有土门江，无阿也苦河名，当即一水。在宁古塔城南六百余里，而黑龙江在宁古塔城东北一千二百里。昔之界在黑龙江，今之界在宁古塔。珲春、宁古塔，关隘也。南与朝鲜接界，皆库雅拉等所居。东至海二百八十里，西至图们江二十里，南至海一百十里，北至佛思恒山一百二十里。康熙五十三年，编置佐领，设协领防御管辖。谈形势者审焉。

# 校 注

[1] 扶舆：即扶摇。《楚辞》："登羊角兮扶舆，浮云漠兮自娱。"

[2] 重定分界：一八五八至一八六〇年第二次鸦片战争时期，沙俄迫使清政府签订了中俄《瑷珲条约》《天津条约》，强行割占了中国黑龙江以北、乌苏里江以东一百多万平方公里的土地。一八六四年，又强迫清政府签订了勘界议定书，即《中俄勘分西北界约记》，强行割占我国四十四万平方公里的土地。总共霸占中国东北和西北一百五十多万平方公里的土地。列宁说："沙皇在中国的政策是一种犯罪的政策。"

[3] 光绪五载，屠维单阏之岁，孟春陬月，哉生魄：即一八七九年，岁在己（屠维）卯（单阏）正月（孟春陬月）十六日（哉生魄）。

[4] 原文郑元：指郑玄，系避讳。下同。

[5] 继继绳绳：继继，持续不断。绳绳：众多的样子。这里指经久传世。

[6] 万襮：襮，疑为襫（祀）。

[7] 单单：南海古国名。《新唐书·单单传》："单单在振州东南，多罗磨之西，亦有州县。"

[8] 作黄门鼓吹角觝戏：这里指朝廷为欢迎东北少数民族使节举行的盛大歌舞百戏晚会。黄门，原指宫廷，黄门鼓吹，指皇帝出游用短箫铙歌，军中行部用横吹，亦统称之为鼓吹。角觝戏，也叫百戏，汉末以来盛行起来的戏种，如吞刀、吐火、走索、爬竿、耍球、扛鼎、过刀门、摔跤等杂技。角觝戏有时穿插极简单的情节，是一种化了妆的武技表演。

[9]《辽营卫志》：系《辽史·营卫志》之省称。此类简称书中尚多，不再一一出校。

[10] "勿吉与鞡鞨互称武德"句，"互"原刻为"亘"，今改。

[11] "知登州"，原文为"登州知"，今改。

[12] 万岁通天，原文系"通天万岁"，今改。

[13] "祚荣拒楷固"句，"祚荣"原刻"荣祚"，今改。

[14] 原文"唐清泰末"，系"唐清泰末"之误，今改。

［15］原文"黄梅道"，系"黄海道"之误，今改。

［16］原文"虎尔河弯曲处"，"尔""河"之间夺一"哈"字。

［17］原文"太宗于万历三十九年"，系"太祖于万历三十九年"之误。今改。

［18］原文"安军骨室等部"，为"安车骨、号室等部"之误，今改。

［19］原文"称弓弯曰密色"，疑"弯"为"弩"之误。

［20］"五月及古欲战"，疑"及"字为衍文。

# 皇华纪程

清·吴大澂 撰

关大虹 李晓晨 郭殿忱 标注

# 标注说明

　　吴大澂，字清卿，号恒轩，又号愙斋。江苏吴县（今苏州）人。生于清道光十五年（一八三五），殁于清光绪二十八年（一九〇二）。同治七年进士，历任编修、陕甘学政、河北道、左副都御史、河道总督、湖南巡抚等职。曾受命帮办吉林军务，督办吉林三姓、宁古塔、珲春防务兼屯垦。光绪十一年（一八八五），与帮办吉林防务大臣珲春副都统依克唐阿会勘吉林东界，签订《中俄重勘珲春东界约记》。甲午战争时，曾督湘军出关御敌，兵败被革职。

　　吴大澂一生勤于治学，精于金石学和古文字学。曾搜集钟鼎、玺印、陶器、货布等文字，撰《说文古籀补》，为古文字学的重要著作。其考释文字的《字说》，颇有创见；又集录所藏彝器铭文拓本为《愙斋集古录》；以古物证历代权衡度量制度，为《权衡度量实验考》。此外还著有《恒轩所见所藏吉金录》《古玉图考》及《毛公鼎释文》一卷、《秦汉名人印辑》一卷、《续百家姓印谱》一卷等书。

　　一八六〇年十一月，沙俄以武力强迫清政府签订不平等的《中俄北京条约》，割占乌苏里江以东约四十万平方公里的中国领土。依照《中俄北京条约》第三条的规定，一八六一年六月，清政府户部仓场侍郎成琦、吉林将军景淳同沙俄代表滨海省军政长官卡扎凯维奇等人，在土尔必拉地方会齐，勘分东界，竖立界牌。一八六一年六月二十八日，双方签订《中俄勘分东界约记》，并互换了两国交界地图。

　　当时中俄双方只勘分了兴凯湖以南的界，而没有勘分乌苏里江和黑龙江的界。只是在《中俄北京条约附图》（比例尺小于一百万分之一）上画了一条红线，表示两国以此二江为界。以江为界，惯例以主航道中心线为界。

　　勘分东界时，中国完全处于不平等的地位，清政府不仅被迫按照沙俄单方绘制的地图上的红线来划界，而且连《中俄勘分东界约记》文本，也是由沙俄代表一手拟订，清政府代表只是"依照誊写"，和附图一起画押钤印而已。

　　此次勘分东界，共竖立八个界牌。所有沿江界牌，都在中国领土内竖立，违反以主航道中心线为界的国际法准则。沙俄包藏祸心，为日后蚕食我国领土作了准备。

　　一八六一年中俄勘分东界后，沙俄不断蚕食我国疆土。一八八三年五月，沙俄在兴凯湖口地方非法越界设卡。次年春，沙俄又在秦孟河一带，公然驱逐当地中国边民。一八八五年，清总理各国事务大臣奕劻写道："近来俄人侵占珲春边界，将图们江东岸沿江百余里，误为俄国所辖之地"，"珲春城与朝鲜毗连之地，大半为俄人窃据"（《光绪朝清季外交史料》五七卷七页）。

一八八六年五月，清政府派会办北洋事务大臣都察院左副都御史吴大澂、帮办吉林防务大臣珲春副都统依克唐阿与沙俄代表会晤于岩杵河，会勘东部国界。会勘结果，双方签订《中俄重勘珲春东界约记》。其中规定，图们江边"土"字界牌年久失毁，在"顺图们江至海滩三十里"之处，重立"土"字界牌。收回黑顶子地方，"中国界内黑顶子地方旧有俄国卡伦民房，议明于一八八六年六月迁回俄境。"旧有其他七个木制界牌，全部换成石牌。又添立"萨"（C）字、"拉"（Л）字、"玛"（M）字三界牌。由于各界牌相去甚远，为"补界牌之不足"，在十一个以俄文字头为标记的界牌外，又立二十六个以汉字一、二、三、四……记号为标志的界牌，总共设立了三十七个界牌。

吴大澂在签订《中俄重勘珲春东界约记》时，曾在珲春县（今珲春市）黑顶子地方国境上立一铜柱，高约十二尺，上刻吴大澂手书篆文："疆域有志国有维，此柱可立不可移"，作为立界的标志。

中俄勘分东界后，双方所立界牌常被俄人移动。"耶"字界牌，本来"立在乌苏里江河口西，后被俄人私移到江（即水道）西岸的高阜上"（葛绥成《中国近代边疆沿革考》五十二页），使中国领土黑瞎子岛，为沙俄非法侵占。吴大澂在黑顶子所立铜柱也被沙俄窃去，"碎为两段，移置于伯力博物馆"（魏声和《鸡林旧闻录》）。因而，当地民谚有"马驮界牌"之说（同上）。这实际是中国人民对沙俄经常移动界牌，蚕食我国领土的谴责。

《皇华纪程》一书，以日记形式记录了吴大澂赴吉林珲春时的沿途见闻和与沙俄代表会勘东界时的详细情景。吴大澂此次谈判据理力争，收回黑顶子要隘，使中国船只可自由出入图们江口。此书对于研究东北边疆史、清代外交史及东北交通、地理、风俗等，不失为一部重要史料。

此书收入《殷礼在斯堂丛书》，目前，尚未见有其他版本。这次点校，对书中所引用的资料，大部分与原书进行了校对，凡发现脱、衍、倒、误之文，均予改正，并出校记。文内个别晦涩之处及部分人名、典故、器物等，酌情出注。

本书由吉林师范学院古籍研究所所长李澍田副教授主点，关大虹、李晓晨初点，李澍田复校。限于标注者各方面水平，难免讹误，敬请专家和读者不吝赐教。

一九八五年四月

# 皇华纪程①

奉使赴珲春，会同俄官查勘边界牌博②，换立石碑，赋诗纪事。

帝重申圻根本图，③
临轩特与使臣符。
西邻疆域诪张计，④
东土屏藩久远谟。⑤
占地无多互樛葛，⑥
立牌有记莫枝梧。⑦
从来忠信行蛮貊，
凭仗皇威镇海隅。

昔日东征部曲从，
羽书星速夜传烽。
七年蓄艾知何补，⑧
两度皇华岂易逢。庚辰夏间奉使赴吉林筹办边防事，阅七年矣！
驿路已忘曾宿处，
云山不改旧时容。
中原无事鲸波息，
坛坫何妨效折冲。⑨

防患尤宜策未然，
强邻渐与外藩连。俄人所占黑顶子地方与朝鲜仅隔图们江一水，有觊觎小邦之意。
欲从两界留中道，
直为三韩计万年。
铸铁岂容成大错，⑩
临机只在着先鞭。⑪

珠槃玉敦雍容会，

袖里乾坤要斡旋。


词锋敢骋笔如杠，

圣德怀柔逮远邦。

牛耳当年盟未久，

犬牙何事气难降。⑫

分流溯到松阿察，松阿察河与乌苏里江相连。

尺地争回豆满江。朝鲜谓图们江为豆满江。

我欲题铭铜柱表，

问谁来遣五丁扛。⑬


正月十七日，由天津启程，行四十里至东堤头，尖。又三十里至潘儿庄，宿。书篆文《论语》一页。前在津寓所，书篆文《论语》上半部，已交上海同文书局石印。下半部已寄去四十二页，尚有十余页未竟，故于途次补书之。

十八日，行七十里至芦台，李汉春军门邀至署中午饭。宁河石令庆臣、盐场周大使德钊来见。又行五十里至王兰庄宿。书篆文《论语》一页。

十九日，行四十五里至宋家营，尖。又四十五里至施家庄，宿。书篆文《论语》一页半。

二十日，行四十里至高家庄，尖。又三十里至乐亭县城。刘俊卿、徐鳌峰迎至城南二十余里，署乐亭县孟令丕显来见。又三十里至甘草坨亲军炮队营，夜饭后至巩军中营宿。

廿一日，晨起为俊卿书家祠额四字。至制造局邱玉符处，又至军械局宋筱舫处小憩。筱舫已赴绥军，唯陈玉如在焉。行三十里过茹荷庄，前年海防吃紧时，曾在此处扎营数月，村民多有相识者。出庄数里，遇俊卿、鳌峰、小圃、义堂策马而来，余亦易骑，同行三十里至团林，尖。绥军各营官来见。饭后，行四十里至钩儿湾，宿绥军正营。鲁小岩、宋筱舫、邱玉符俱在焉。孝侯感冒风寒未愈，是日出迎十余里，余心甚不安也。

廿二日，行八里过袁行南营小憩。又二十二里至牛头崖。季明、建棠、行南送余，至此而还。又行五十里至蒲萄洼，尖。饭后风大，行二十五里至白塔岭，宿。书篆文《论语》一页半。

廿三日，行三十里至红花店，叶曙清军门带队来迎。又行十二里至山海关，晤谦懋斋都护，旋至叶曙清营中午饭，小岩同往。下午，出关行二十五里至老军屯，宿。小岩送余三日，出关数里而还。在津奏派随员汤伯硕、沈韵松、王芷帆、吴文伯四人，又奏调同文馆俄文翻译官庆锡安。唯伯硕在苏未至，芷帆去腊请假回临榆。同行者韵松、文伯、锡安三人耳。是日芷帆亦来。书篆文《论语》一页半。

廿四日，行五十里至前街，又五十里至小后所，宿。书篆文《论语》二页。

廿五日，行五十里至沙后所，尖。又三十里至宁远州城外，宿。州牧朱北园<sub>克扬</sub>来见。书篆文《论语》二页。

廿六日，行三十里至连山，尖。此三十里约有四十余里之远[1]。又行三十里至高桥，宿。入锦州界矣，书篆文《论语》一页半。

廿七日，行十八里至杏山，又十八里至松山，尖。此三十六里约有五十余里之远。土人谓：关东三个十八里，路程最大，谓连山、杏山、松山也。锦州副都统崇佑亭<sub>善</sub>至松山请圣安。锦州太守增芝圃<sub>林</sub>、县令张全波<sub>锡銮</sub>来见。午后，行三十里至双杨店，宿。书篆文《论语》一页毕，作家书，致王念劬书。

廿八日，行二十里渡大凌河，冰尚未开也，又二十里至秃老婆店，尖。又二十里过石山站，人烟稠密[2]，自半山至山麓，屋宇鳞比，大有丰乐气象。又四十里至闾阳驿，宿。

廿九日，行十五里至常兴店，又二十五里至广宁驿，又十里至孤家子，又五里至二台子，尖。午后，行二十二里至中安堡，又十八里至洋岔河，宿。撰篆文《论语》后序一篇。

三十日，行十二里至小黑山站，又二十里，至胡家窝棚，尖。又十八里过金家窝棚，二十二里至半拉门，宿。书篆文《论语》后附录《说文》所引《论语》各条。

二月初一日，行三十里至白旗堡，尖。署新民厅同知王清辅<sub>为澂</sub>来见。又行五十里至新民屯，宿。书《说文》引《论语》各条。致尹伯圜书。

初二日，行二十里至巨流河，十五里至孤家子，尖。又行二十五里至老边，又十五里至大荒身，又十五里至大石桥，宿。承德县谈云浦<sub>广庆</sub>来见。作家书，致王念劬书。

初三日，辰刻，恭谒昭陵。巳刻，至奉天省城西门外关帝庙东实胜寺。庆兰圃将军<sub>裕</sub>、裕寿泉京兆<sub>长</sub>、济筠甫都护<sub>禄</sub>、启颖之司农<sub>秀</sub>、松吟涛宗伯<sub>森</sub>、凤辉堂司马<sub>秀</sub>、宝震甫司寇<sub>森</sub>、阿允亭司空<sub>克丹</sub>、杨蓉甫学使<sub>颐</sub>同请圣安。进城，住南门内同升店。兰圃将军及诸君子先后来晤，驿巡道兴荣斋观察<sub>升</sub>、候补道高引芝观察<sub>从望</sub>、候补府景云龛太守<sub>桂</sub>、高雨人太守<sub>同善</sub>来见。午刻，亲往各处答拜。并拜朱砚生前辈<sub>以增</sub>，系前任学使，卸篆后，旋丁内艰，定于初十日，奉柩南归也。酉正回寓。

初四日，巳刻，恭谒福陵。由陵上至大洼子三十里，尖。由大洼子至蒲河二十里，宿。

初五日，行十五里至清水台，又十五里至懿路站，尖。饭后行二十里至范家屯，又十五里至辽河屯，又二十五里至铁岭县城外，宿。县令陈鹤舟士芸来见，鹤舟曾任怀仁县，询以怀仁有高丽王碑，距城百数十里，在深峡中。碑高不能精拓，鹤舟赠余拓本一份，字多清朗，文理不甚贯，盖以墨水廓填之本。与潘伯寅师所藏拓册纸墨皆同，惜不得良工一往椎拓耳。是日途中，作七古一章：

辽河冰解野桥断，东风来往无人管。使车出关二月初，不怕春寒怕春暖。昨日雪泥三尺深，今日雪花飞满林。已脱重裘还更着，不辞浊酒且频斟。裘重重，酒薄薄，车尘不起征夫乐。只愿前程冻未开，渡江不愁风浪作。岁寒秉此松柏心，莫问桃花几开落。

灯下书《钟鼎拓本释文》。

初六日，行三里过青河，又二十七里至中固，尖。又二十里至孙家店，又二十五里至九社，宿。书《钟鼎拓本释文》。

初七日，行二十五里至威远堡门，又十五里至南城子，又二十五里至莲花街，尖。又行七里至赫尔苏，又十八里至杨木林子，又二十五里至叶赫站，宿。书《钟鼎拓本释文》。两日途中杂咏，得六绝句：

过了冰河便雪山[3]，严寒已去又重还。我来迅速春来缓，未许东风带出关。

记得当年度陇诗，偶从雪里见花枝。而今行过辽阳路，正似天山五月时。

车马喧阗趁夕曛，山村士女笑纷纭。皇华诗意无人解，道是鸡林旧使君。

古柳婆娑生意含，霜皮零落对寒潭。莫嫌空洞中无物，留与枯僧作佛龛。

小店春斋满瓮储，荒寒无地摘园蔬。辽东日食花猪肉，苦忆松江冰白鱼。

新晴天气觉风和，十里平冈策马过。盼到莲花街里去，逢迎官吏故人多。

初八日，行三十里至英额卜占，又十五里至十里铺，又十里至火石岭子，尖。又十八里过大孤家子，又十二里至赫尔苏站，宿。书《钟鼎拓本释文》。

初九日，行二十五里至小孤山，又三十五里至大孤山站，尖。途中得一绝句：

大孤山与小孤俱，卅里双峰便不孤。况有坡陀连亘处，相延一脉尽龙雏。

署伊通州知州王秀山瑞启来见。又行三十五里至伊通州，宿。伊通镶黄旗佐领恩锡纶福来见。巡捕官常永之叔也。是日午后，途中望见伊通河北有两山，东西并峙，大小相等，土人不知其名。余曰，此东天姥两乳也。赋诗一首：

两峦左右齐，端如双玉乳。山顶宜有泉，甘美胜酒醹⑭。饮之令人寿，童颜可再睹。此山本无名，名以东天姥。北为长春城，万商于兹聚。地脉非偶然，一乳所含煦。

训导赵椿龄来见，辛亥举人，年已七十余矣。

初十日，行二十五里至伊巴丹站，尖。又二十里至三家子，又二十二里至土门子，又十八里至双杨河苏瓦延站，宿。补录初八日二绝句：

平林密密断云遮，不见遥村板屋斜。落日放牛无数点，料知山下有人家。

山南近已辟新荒，话到年光暗自伤。草价增昂粮更缺，去秋八月早霏霜。

又补录初九日一绝句：

斗大州城新设官，花封分辖地犹宽。伊通州地原隶吉林厅，今分设州治，辖境尚有四百余里。弦歌风化初开日，冷落先生首蓿盘⑮。

十一日，行五十里至伊拉门站，尖。又二十里至岔路河，又二十五里至依拉奇⑯，宿。丁友云大令来晤。宁古塔都统容峻峰遣材官明利、德庆持函来接。夜大雪。途中得诗三绝句：

客路浑忘岁月新，山容如睡水含颦。荒村亦有闲桃李，不见花开不算春。

一木零丁架水坳，泥冰深处乱流交。肩舆扶上危桥去，犹恐衣裙挂棘梢。

渔父何曾把钓竿，农家编木当篱看。有山不种淇园竹，生怕风多六月寒。

十二日，五更起，宋渤生太守来晤。行二十五里至蒐登站，又二十里至大绥河，尖。又行二十里至老爷岭，又十五里过欢喜岭。富森堂、德远庵、文焕卿、曲鹤亭、刘怡宽、凤集庭、申少彝均来迎候。又行五里至西门外万寿宫。希赞臣将军、恩雨三都护同请圣安。未刻，进城住北门内永升店。将军、都护先后来晤，见客至薄暮而毕，不及出门矣。是日，途中得二绝句：

征尘屈指到花朝，芳草无情马不骄。犹忆细鳞河畔路，海棠红掩绿杨桥。壬午年四月由三岔口回至细鳞河，忽见桥边海棠一树盛开，属吴副将永敕善护之。

马前父老望春台，六七年中往复回。一笑又登欢喜岭，只疑身入故乡来。

十三日，答拜赞臣将军、雨三都护。出小东门至机器局，答宋渤生、凤集庭诸君子。渤生出示方晴庵大令朗所藏宋拓[4]《郭有道碑剪贴本》，有王寿生、方小东跋。小东即晴庵之胞兄始知余所得整本《郭有道碑》与此本同出洪洞刘镜古兆鉴家。卢晓亭观察从济宁郭梅臣处购得其一郭亦得于刘氏，以献崇雨龄中丞，即余所藏之本。王寿生参军熙昶于道光丁未年购得此册，后质于济宁孙氏。同治丙寅秋间，方小东刺史出价购赎回，遂归于方，亦刘氏藏本也。寿生跋云："庄眉叔司马亦于刘氏购得剪碎一本，重装成册，后为王荣甫所得。"然则《郭有道碑》世间尚有三本，余得见其二，亦生平金石缘也。崇本一字不缺，方本缺四十八字，相去已在百余年矣。介休碑作界休，鳞介误书麟介，两本皆同。韵松、芷帆、文伯、锡安亦来。饭后，渡江至南岸，观火药厂已构屋数十椽，就山坡之高，下垫土起筑，规模日见扩充，皆渤生一手布置也。渤生又出示局中自造单筒小炮，一与俄登飞炮弹大小相等，名曰西林炮；一与格林炮相类，惟用单筒旋转，顷刻可放数十子，炮筒外包一蓄水筒，水热可换，亦简易灵便之法。

十四日，答拜各统领、各协领及道府各署。希赞臣将军太夫人三周年忌辰，在观音堂诵经，未刻，余往行礼。回寓后写篆对六联。招远庵、森堂、焕卿、渤生夜饮。

十五日，自书铜柱铭交渤生代刻[17]，书大"虎"字五。至赞臣将军、雨三都护处辞行。秦子皋来晤，曹彝卿别驾廷杰[18]，以手拓混同江东岸古碑四纸见赠，其一大碑正书上有"重建永宁寺记"六字横列。文多剥蚀，不可读，有"太监亦失哈"五字。"伟欤懋哉"四字下隐约有"正德"二字。其一小碑正书上有"永宁寺记"四字横列，首行"敕修奴儿干永宁寺碑"九字尚可辨，余多漫漶[19]，文后题名第一行"镇国将军都指挥同知"，以下不可识。第二行有"□正十七年"数字，"正"上当即"至"字。又文内屡见"帖木儿"三字，疑元时所刻也。又一小碑上有四字横列，似蒙古文，碑文两体书，前半似唐古忒字，后半似蒙古文。唐古忒字类楷书，如"吴迅单廷军龟盒敝甀单烹旦风采处降戈俩"，似可识，而实不可识。富森堂云，此唐古忒字也。此碑刻在前一小碑之后，当即"永宁寺记"文两面刻，三体书，其文必同也。碑侧又有四体书六字"唵嘛呢叭哈唾芳哆之蒙"，此梵书也，余藏西夏碑阴字类此；"孝型歹至"，此似蒙古文；"矣亢苯巧真节"，此亦唐古忒字。以碑阴、碑例合观之，是碑必非明刻矣。其地在三姓东北三千五百余里，距俄地伯利二千零二十里，东北距混同江海口三百余里，有石崖如城阙，斗峙江边，高八九丈，山顶北面立小碑，其大碑在其南。彝卿采访俄事至此，并手拓二碑以归，亦可谓壮游矣。申刻，赞臣将军来晤，雨三都护来晤。酉刻，渤生、集庭同来，留之夜饮。

十六日，五更起，为方晴庵大令题宋拓《郭有道碑》。辰刻启程，赞臣将军、雨三都护送至小东门外关帝庙，旋至机器局小憩，即在局门东三里团山子渡江。此处江心老冰尚坚，两岸沿凌水亦不甚深也。过江二十里至小茶棚，尖。渤生、集庭、少彝均来送行。又二十里至江蜜蜂。向来出省东行多在江蜜蜂住宿。今店已歇闭，无可宿之处，商旅之萧条可见矣。又行四十里至双岔河，宿。
途中得诗一绝句：

绕郭峰峦多不平，过江山势更纵横。空潭云气随龙去，剩有流泉赴壑声。

闻芷帆出东门车轴碰损，行至机器局换车，稽候饭后，始得渡江。候至夜深，韵松、文伯、锡安均无消息，不知今夕宿何所矣。

十七日，行八里至额赫穆站，委官程万春庆年之父邀至其家早饭，候至巳初刻，韵松诸君未至也。又行三十里过七道河，又十里过老爷岭，又三十五里至拉法站，宿。

十八日，行二十五里过苦不了河，又二十里至鄂勒河，尖。又行十二里至桦树林子，又八里至退抟站，又三十里至乌棘口刘家店，宿。作七古一章：

四山积雪围松明，乱流落硼时纵横。槎枒古木无枯荣[20]，行久不闻春鸟声。残冰踏响马忽惊，泥深一尺水盈盈。仆夫避险搜棘荆，崎岖径仄多不平。下有顽石如长黥，当涂侧卧与人争。落日摇曳双红旌，知有材官来导行。道旁鹄立通姓名，识与不识纷相迎。白须野老何多情，出门手提破石罂。汲泉饭我使身轻，邀我入室炊玉粳。五年前事如棋枰[21]，笑问使君何所营。两鬓新霜添数茎，我来逆旅喜感并。六宿此山那计程，陶然一醉月三更。但觉诗意满怀清，不愁明日还长征。

韵松来书，知昨日过岭日已暮矣，韵松下岭时车又触石而覆，四人徒步行泥淖中，觅一小店暂宿，有人满之患，半夜不得眠，亦不得食，苦不胜言。作五古一章慰之：

昨日渡松江，今日出乌棘。同行四五人，先后本一辙。中途忽差池，相望不可即。或云车脱辐，或疑马惊勒。后时久不来，深夜苦相忆。岂知泥淖中，登岭已昏黑。驽骀鞭不前[22]，徒御咤失色。踯躅冰雪崖，屡踬犹得得[23]。两手僵不伸，襟袖如翻墨。两足冻不干，袜履成淊塞。偶至一茅舍，漏下已三刻。人满无所容，势与蜗争国。苦倦不成眠，苦饥不得食。跬步知艰难，兹焉少憩息。诘朝贻我书[24]，道状解我惑。相去半日程，行行勿复亟。山径滑如油，我亦病登陟。鞅掌岂言劳[25]，此境偶然直。

十九日，行三十里过张广才岭，又十里出乌棘口。适宁古塔靖边右路中营哨官英喜率队兵伐电线木杆，住一小店，得余宰一豚，煮饭方熟，留余小憩。英喜乃余旧部也，在此店打尖。饭后，行五十里，风大继之以雪，申刻，至额赫穆索罗站，宿。吴永敖硕甫由宁古塔来。途中得诗一首：

狂风似虎卷地来，吹冻顽云拨不开。下罩千山同一被，满空飞絮揽成堆。天公玉戏巧难就，重阴密密谁相催。特遣封姨作大磨[26]，回旋鼓荡声如雷。须臾辗出白氅粉，落花片片皆琼瑰。老农拍手笑不止，顿令茅屋成瑶台。

又赋《张广才岭》七古一章：

岭长二十有五里，平冈一伏又一起。首尾蟠屈如卧龙，半身隐见白云里。远脉原从长白来，蜿蜒下饮松江水。满山鳞甲烟翠重，亭亭直节攒[5]古松。

千株万株不纪岁，子孙多受秦王封。硐底杂树纷罗列，忽横忽纵皆奇绝。俯听流泉瀺瀺鸣[6]，中有万古不化之冰雪。此山深处无人行，熊黑夜斗狐狸惊。远闻伐木声丁丁，又疑车轮触石相硼砏。山灵怪我往来久，无句留题不放走。我问当年张广才，何物区区，乃与山灵同不朽。

二十日，行二十五里到凤凰店，尖。韵松、芷帆、文伯、锡安亦于午前赶到，不相见者四日矣。又行五十五里至塔拉站，宿。得诗二首：

行旌历尽厂东西，偶触吟情信笔题。风土犹存唐俗俭，几双乌拉一爬犁㉗。闲游人似打包僧，晓起餐风夜宿冰。只为萍踪飘泊惯，一生衣食寄行滕㉘。

廿一日，行二十里至朱墩，尖。又十里至贝勒洼，又十五里至老鹳窝，又十里至必尔罕站，宿。得诗一首：

两山之麓多洼塘，草根结作蒲团黄。二三十里一茅舍，蓬蒿遍野田半荒。傍溪凿冰成孤井，绕庐列栅为短墙。瘦犊或随犬同卧，饥乌乃与马争粮。古驿之间津吏屋，七年六度朱墩冈。野老相逢似相识，偶来松下谈农桑。

灯下读《山谷诗》有怀赟斋[7]一律兼寄运斋弟：

同是边关落月时，一灯展卷苦相思。本来地气寒难解，不为天公春到迟。山雪未销孤雁落，河冰将泮老狐疑㉙。岭南塞北无消息，独和东坡寄弟诗。爱惜名花取次裁，为谁零落为谁开。偶牵藤影疑风动，未展蕉心待雨来。诗境多从闲处拓，旅怀犹喜梦中回。一书缱绻愁千里，莫与人论天下才。

廿二日，行十五里至三道岭，见道旁石磴上有"光绪九年八月由宁古塔进省时题名"三行篆书，墨色无恙，在冰雪之中鸿爪犹存。闻有好事者，将唤石工刻而寿之。回忆当日驻马挥翰，忽忽已三年矣。因复下马续书数字志之。又行十五里至石头甸子，尖。作五古一章：

凡石皆直性，兹山独横理。高砌宛成台，平铺略如砥。大可容万人，小者积寸累。粗拟龟背纹，细若鱼鳞比。孔或类蜂房，龋或似马齿。或同蚁穴槐，或等蠹食李㉚。麝煤聚零星㉛，兽炭多填委。岂无适用时，弃之弗顾视。辚辚过车声，中空疑有水。忽然塌成潭，如梁自颓圮。非泉亦非池，泥深辄濡轨。吾性爱名山，游踪几万里。阅世多奇峰，眼中未见此。俗言古仙人，炼丹旧基址，丹成跨鹤行，余石留渣滓。此说不足凭，听之聊复尔。吾闻大空青，凿石得龙髓。饮之可长生，沈疴顿然起。真精久秘藏，妙理那可揣。不然顽石巅，何以生杞梓。草木有灵根，依托安足恃。宝山莫空归，璇源毋乃是。古书不足征，请问赤松子。

又行三十里至沙兰站，宿。是日，过八道岭赋诗一章：

下岭易上岭难，如登天山三十盘，一车八马心胆寒，脱骖并驾犹嫌单㉜，万牛流汗常不干。上岭易下岭难，如下桐江十八滩，陡崖冰滑云漫漫，一落千丈不可拦，前车后车相叫谨<sup>㉝</sup>，安得长绳系轴节节蟠，出险入夷心始安。朝上岭，暮下岭，仆夫相戒毋驰骋。方下岭，又上岭，喘息未已时耿耿。日行八岭无坦途，夜梦颠踣惊相呼，愿君高枕安须臾，不知前程尚有高山无？

廿三日，行四十里至蓝旗沟，双如山、恩承之两统领均来迎候。又行三十里至猗兰冈，容峻峰都护在关帝庙内请圣安。又行十里至宁古塔城，住城外官参局旧行台。峻峰都护来晤，托勤轩、吴颐甫、曲鹤亭来晤，双如山、恩承之来晤，讷厚斋、瑚松亭来晤。申刻，答拜峻峰都护。回寓登抱江楼题诗一律兼呈峻峰都护：

忆昔临江筑小楼，与君樽酒话中秋。自从一去三年别，那想重来两日留。旧事思量纪龙节，新图商榷定鸿沟<sup>㉞</sup>。国恩未报归程远，敢把闲情寄白鸥。

又《咏乌拉草》一律：

莫道行踪类转蓬，知寒知暖是乡风。踏冰天气家家便，献曝人情处处同<sup>㉟</sup>。参可延龄犹有病，吉林土语以人参、鹿茸、乌拉草为三宝葵能卫足总无功。何如束草随身具，春在先生杖履中。

廿四日，书《抱江楼题壁》诗于横木，交托勤轩悬之，书对三联。峻峰都护来晤。午后，拜春煦堂并答厚斋、松亭、硕甫、鹤亭诸君子。申刻，峻峰都护招饮。

廿五日，由观音阁渡江而南，行十五里至干沟子小憩，峻峰都护、如山、承之两统领均来送行。又三十里至石头坑，又二十里至下营子，宿孙立美家。孙翁年七十九岁，步履康强，孙曾罗列，其曾孙又将抱子焉。赋诗二绝句赠之：

六世同居古义门，膝前屡见子生孙。老农八十犹年少，语带春风一笑温。

淡饭粗茶过一生，有何思虑有何争。始知安乐乡侯贵，余藏汉印有"安乐乡侯"不慕千秋万世名。

廿六日，行三十里至上马连河，又二十里至斗沟子，尖。饭后，过玛勒瑚哩站小憩，又三十里至窝棘口徐家店，宿。即余辛卯年所筑之望松窝也。题诗一律：

叹息山居地瘠硗，款宾只有水盈匏<sup>㊱</sup>。青骢过处添新驿，玛勒瑚哩、老松岭等处皆大澂奏请改设新站紫燕飞来认旧巢。不信十年能树木，可怜六载未更茅。相逢搏虎人何在，徐姓之子曾搏一虎献余，今因病回家矣笑对松林雪半梢。

再题一律，用辛卯年题壁元韵：

老农生计本萧然，况复频经旱潦年。岂有林泉留过客，漫题诗句续前缘。山中盗起愁狼跋，逆旅主人言去年被盗，所蓄荡然门外寒多惊鹤眠。为问行旌何日返，汾阳只愿早归田。

前作：

一宿空山亦偶然，诛茅拓地已经年。望松窝额，系庚辰年所题边庭万里今无事，使节重来信有缘。鸟道云封乌棘暗，虬枝雪压古松眠。野人共话升平乐，各领闲荒百亩田。

廿七日，行二十五里上岭，又五里至老松站，尖。又十三里过岭，又四十二里至骆驼磊子萨奇库站，宿。途中得诗一首：

青山晓色云冥冥，入林出林车未停。两崖壁立烟岚滴，桦皮雪白乌桕青。残冰塞路顽于石，枯木倒溪醉不醒。古庙颓垣本无佛，忽有山僧来诵经。僧言此山行路苦，酿金除道仰神灵[37]。马惜锦障泥滑滑，人行石磴水泠泠。短松万株齐若剪，横作南山翡翠屏。高者独立挺霄汉，满身龙甲都成形。孤根下蟠几百尺，掘之当有千岁苓。

廿八日，行三十五里至哈达密达，尖。即余辛卯年所构息庐五间，交葛翁管业，后葛翁招刘姓同居，今竟为刘独占矣。又三十七里过湖珠岭之新站小憩，又八里渡嘎呀河，河冻已开，徒涉而渡水，深几及马腹矣。至郭梯阶所构官房，宿。题《息庐》诗一章：

朝三十里一饱餐，暮五十里一投宿。暮宿临河尚有村，朝餐觅火愁无屋。偶逢葛仙两耳聋，呼之不应颜发红。为我择地结茅舍，给钱百缗使鸠工。有酒沽我无则醋，往来行人憩息于其中。养鸡放豚依苍巘，春韭早生秋菘晚。种谷可支一岁粮，取薪不劳百步远。仙翁何为去不还，守此屋者老且顽。不见仙翁喟然叹，只有息庐两字留空山。

李仲敏由五人班至嘎呀河道中迎候。

廿九日，行廿五里至荒片，尖。又二十五里至五人班关清德家小憩。即余辛卯年所构之屋，手书"清乐乡"三字额犹在焉，清德钓得细鳞鱼二尾饷余。作诗一绝句谢之：

羡君身似地行仙，五老来游此数椽。钓取双鱼来饷客，寿如孤鹤不知年。

李仲敏奉都统委查营兵所砍电杆木亦寓此屋。又行廿五里，至大坎子，宿。

三月初一日，寒食。行廿五里至且住庵，尖。题诗一章：

老僧八十余，贫病不能语。来此六十年，清修苦如许。屋庐不蔽风，爨火不常举。相对弥勒龛，顶礼无寒暑。心诚金石开，缘薄神灵助。使节偶经过，悯彼空谷处。结茅四五椽，经营费不钜。佞佛非本怀，天教来玉汝。部曲善逢迎，不惜舍金与。拓地成梵宫，维摩喜得所。老僧愿已偿，趺坐竟西去。传灯叹无才，俗子相窥觑。鹫岭被蚕食，鹊巢乃鸠据。我来清净场，扫除及沮洳[38]。小坐怀远公，澹然无俗虑。顽石当点头，慎勿相龃龉。

饭后，行二十五里至德通。又三十里至凉水泉子，宿。得诗一首：

我初度地凉水泉，六十里中无人烟。膏腴一片空弃捐，临江四顾心茫然。命工起构屋数椽，日劝农所三字悬。屋成之岁辛巳年，作者七人始来田。朝出耦耕荷锄便，夜归一饭解衣眠。从此垦辟相蝉联，满沟满车歌十千。自我移师北海边，两年跋涉忧心煎。梦魂不到蟠岭巅，蟠岭在凉水泉南四十里重来一宿有前缘。但见西陌与东阡，鸡犬家家相毗连。五尺童子衣争牵，瞻望使君犹奉拳。遥指一屋小如船，手书篆额犹在焉。嗟我风尘未息肩，白云飞鸟何时还。安得买山古渎川，相忘耕凿唐虞天。

初二日，清明。行三十里至密占，尖。又十里过蟠岭，又十五里至吴凤起窝棚。哈伯轩、永厚山两统领及马步各营官均来迎候。依尧山都护设帐于道，即于帐下跪请圣安。申初，进城住南门行台，尧山都护来晤。见客毕，答尧山都护。

初三日，尧山都护来晤，起恭报行抵珲春日期折稿。午后，答拜尧山都护。补录途中所作七律二首：

平坡日落马蹄轻，树杪云归雪乍晴。猎户追狍迷草路，牧童引犊卧松棚。岸凌水阔知春暖，吉林土语谓河冰两岸化之水为沿凌水野烧风多入夜明。地僻村稀投宿早，得闲行处且闲行。《闲行》

落落书生戎马场，吟怀久似石田荒。军符暂卸无留牍，诗草重编欲满囊。春去何心恋风月，夜未有梦到池塘。短歌不复计工拙，聊遣关山行路长。《遣兴》

初四日，未刻，拜折致庆兰圃将军书，发天津、上海电报。至西营答拜哈伯琴统领，发俄国勘界大臣巴拉诺伏照会。

初五日，复郑庵师信，复尹伯圜信，书《文字说》一篇。

初六日，接总署公函，属查宁古塔东大川界址，即复。作家书。酉刻，尧山都护招饮。

初七日，书《夷字说》《尸字说》二篇，写篆联五。

初八日，书《拜字说》、鞭、瑚字说三篇。尧山都护来晤。写篆联七。

初九日，复容峻峰书，与尧山都护同阅东西两炮台。未刻，尧山招至永厚山营中同饮，酉刻回城。俄国卡伦官哈斯三来晤。

初十日，复胡守三书，致宋渤生书。午刻，招哈斯三饮。题《集古录》虢叔钟、井人残钟、叹㝬鼎。

十一日，题子璋钟，考释邵钟未竟。俄官廓米萨尔·马秋宁来晤，翻译倪廓来福同来。知俄国勘界大臣巴拉诺伏，须俟北路乌苏里江、兴凯湖冰冻全消，方可乘轮而来。至红土崖起陆，一日可达双城子，再换轮船，经海参崴至摩阔崴，半日可到。大约在四月初十日后，俄历则五月初也。马秋宁索阅汉文条约及交界道路记文，饬文案房抄一份与之。余亦内索俄文条约及交界道路记文一份，允俟归后寄来。

十二日，复富森堂书，考释邵钟。与尧山都护同请廓米萨尔·马秋宁晚酌。

十三日，书邵钟考释，尧山都护招饮。

十四日，题楚公钟三，禀母亲函，致大兄书。

十五日，题叔氏钟、兮仲钟、郑邦叔钟。

十六日，致合肥师相书[39]，致黄斋书，致徐翰卿书，复念劬书，致杏荪书。尧山都护来晤。

十七日，录诗草十四纸寄黄斋，致顾子嘉书。申刻，哈伯琴统领招饮，与尧山都护同往。

十八日，录诗草十五纸寄运斋弟，致运斋弟书，复杨实斋书。题鲁遹钟、己伯钟。俄国岩杵河守备官佘拉什尼廓甫来见。带到俄国东海滨省巡抚巴拉诺伏电信，并马秋宁信。皆通候语也。尧山都护招饮。

十九日，题鼃伯钟、虘钟、者汙钟、单伯昊生钟。

二十日，题仆儿钟、邾公轻钟、鼄狄钟。

廿一日，预拟边界事宜，应议各条交庆锡安翻译俄文，以便临时辩难。语意较力详尽，不致彼此误会也。书《齐子仲姜镈考》并释文。

廿二日，拟边界事宜四条。致容峻峰都护书，书《齐子仲姜镈考》，拜尧山都护。

廿三日，题通录、康虔钟、邾公钊钟、沇儿钟。尧山都护来晤。

廿四日，题戎部鼎，题刺鼎，书篆联十。

廿五日，致希赞臣将军书，致宋渤生书，寄去图们江黑顶子一带地图[40]，属机器局司事代画二份，约于初十前寄来。题大鼎。

廿六日，题驭方鼎。尧山都护来晤。

廿七日，雨。撰《集古录自序》一篇，尧山都护来晤，永厚山统领携殽酒来寓，邀尧山及韵松、芷帆、文伯、锡安诸君子与余同饮。

廿八日，雨竟日。复葆田书，复念劬书，题韩侯伯晨鼎。

廿九日，晴连日。尧山都护惠细鳞鱼二尾，拓汉双鱼洗文一纸赠之，并题一绝句：

雅惠频叨醉一筋，细鳞风味胜河鲂。报君片纸无多字，中有双鱼大吉羊。作《靮字说》一篇，申刻，诣尧山都护处茗谈。

三十日，题康侯鼎、匽侯鼎、簋鼎，穌作召伯鼎、周窶鼎拓本五种。尧山都护来晤。周少夷太守冕来晤。杏荪观察委令查看电线设杆之路今日到珲。

四月初一日，题谀田鼎、师奎父鼎、新邑鼎、芮公鼎、趠鼎拓本五种。尧山都护来晤。

初二日，题罘氏鼎、增鼎、曼仲鼎。尧山都护邀至东门外校场，同阅靖边中路三营操，申刻归。尧山都护来晤。

初三日，释焦山祁惠鼎，释毛公鼎。书篆对二，书大"虎"字四、"龙"字一。

初四日，上母亲禀，致大兄书，复陶仲平书，致尹伯圜书。与尧山都护同阅靖边前路四营操，申刻归。释毛公鼎。

初五日，释毛公鼎，书"虎"字八、"龙"字二。接俄卡官哈斯三来信，知俄国勘界大臣巴拉诺伏于四月十四日可抵岩杵河。俄历之五月初五日也。酉刻，至尧山都护处茗谈。

初六日，释毛公鼎，书"虎"字三，书"孝弟忠信"四大字。

初七日，释毛公鼎竟。为容峻峰都护书篆册六页。尧山都护来晤。

初八日，书篆册六页，书篆联五、直幅二。为恩雨三都护书篆册二页。

初九日，书篆册三页半，复容峻峰书，复宋渤生书，致双如山书，复庆兰圃将军书，发天津电报。邀尧山都护、周少逸太守[8]、永厚山统领来寓晚酌。接俄官廓米萨尔来信，因前赠篆文《孝经》为该国学院布席所见，欢喜赞叹，代致布席来书，并寄双城子碑额照本一纸，文曰："大全开府仪同三司金源郡明毅王完颜公神道碑。"篆书五行，二十字。首一字"大"字仅有一直隐约可辨。考《盛京通志》，金臣封金源郡王者二，一为娄室，完颜部人，一为完颜勖，惟娄室谥庄毅[9]与碑不符，勖不载谥。惜无金史可考，不知其碑文尚可读否。

初十日，书篆册六页，书直幅一。申刻，招哈伯琴统领、马筱坡孝廉、春玉鹏[10]、李仲敏、廉钟英诸君子来寓同饮。津寓寄来日本碑拓四种，有井上毅名片一纸，而无信，缄封小印有"井上"二字。一为和铜四年三月，藤原尊题名石刻正书；一为嘉永三年五月，藤田彪书弘道馆记行书；一为延喜十七年十一月，道澄寺梵钟铭，阳文正书，上粘一签云"今大和国宇智郡五条村荣山寺ニマリ"；一为近卫中将楠公赞朱之瑜撰正书。当系日本书记官井上毅所赠。尚有《朝阳阁集古》三卷留于津寓未寄来也。

十一日，辰刻，与尧山都护同至珲春河南祭神树，礼毕饮福。阅靖边中营演放水雷、地雷。午正回寓，秦子皋来晤，书篆册四页半，释齐侯壶。

十二日，释静敦。画松一幅，书扇一握。申刻，邀尧山都护与子皋、仲敏同饮。灯下与子皋、仲敏下围棋二局。

十三日，释叔向父敦。周少逸来晤，子皋、仲敏来，灯下与子皋下围棋二局。

摘录俄官、俄地名。

十四日，书篆对十联，篆额四字，释师虎敦。

十五日，释师望鼎、文父丁鼎、木壬鼎、子孙父戊鼎、世妇鼎、父己鼎、郑同媿鼎、孔作父癸鼎拓本八种。接总署来书。

十六日，接俄使巴拉诺伏信。知于昨日抵岩杵河矣。起折稿。报十九日启程赴岩杵河

十七日，尧山都护邀阅演放格林炮，并打二百步枪靶。申刻，邀秦子皋、贾丹崖、李仲敏来寓同饮。灯下与子皋、仲敏下围棋。书篆联三。

十八日，上母亲禀，复大兄书，复王念劬书，复总署书。尧山都护来晤，订明日午初刻启程，同赴横道河住宿，次日午后可早到岩杵河也。为双如山书大直幅一。

十九日，复运斋书，复合肥相国书，为双如山书篆额四字。午初启程，与尧山都护同至二道河卡伦，尖。距城才二十里耳。又行三十里至恒道河俄卡，宿。未至卡伦五里许，有俄国副统领泽柏落伏斯奇一员、那达落伏一员带领俄国马队六十名，持巴将军名片来迎。及抵俄卡，又有俄国统领克拉多在卡迎候。卡官哈斯三设席会饮。

二十日，辰正，行三十里至佛多石小憩，哈斯三携酒、炙羊，席地而饮，泽柏落伏斯奇、那达落伏劝饮甚勤，团坐良久。该处有高丽人所盖茅屋十余家。未刻，又行十四里至岩杵河，俄兵站队迎道，旁观者如堵，先至北营更衣，少憩，与尧山都护同拜东海滨巡抚巴拉诺伏，巴使留余同住俄馆。酉刻，巴使招饮。
尧山都护住刘家洋货店

廿一日，辰起，写珲春地图上小字二幅。午刻，拜尧山都护。未刻，拜巴拉诺伏，并拜廓米萨尔·马秋宁[11]及舒利经地图衙门大臣兼副将军、克拉多水师衙门大臣、列德呢乌斯统领官、赤斯他廓伏带兵官、索廓落伏斯奇带兵官、那多落伏副统领即那达落伏、喀斯托尔斯奇炮队带兵官、多谟日落伏将军衙门侍卫、佘威罗伏火轮洋商公司，皆昨晚同席及沿途迎候各俄员也。酉刻，巴使招饮，订明日未刻会议界务。

廿二日，起会议各条应办事宜稿，尧山都护来晤。申初刻，登楼会议，巴使与余对座，同议者尧山都护、廓米萨尔·马秋宁、舒利经、克拉多及随员沈韵松、翻译庆锡安、莫新、商人佘威罗伏也。余所说之话，由佘威罗伏转达巴使，巴使说话，由庆翻译代传。余意欲将罕奇海口归还中国，巴使谓：须备文转达俄廷，能否应允由国家定夺，彼不能擅主也。及论图们江口补立"土"字界牌，巴使执旧图原立界牌之地，离海口四十四里。余谓：应照《条

约》记文，由海口量准中国里二十里，即在江边补立"土"字牌，方可与《条约》相符。巴谓：海口二十里，海水灌入之地，当谓之海河，除去海河二十里，才算图们江口，彼国所谓二十里，如此核计。余谓：海口即江口有何分别？若论海水所灌，潮来时海水进口不止二十里，潮退时江水出口亦不止二十里。所谓江口者，总在海滩尽处，仍须照约由海口量准二十里方为妥洽。巴使须电报总督，转达俄廷请示办理，俟有回电再行续议。戌刻，巴使招饮。

廿三日，辰刻，发津电，致佘澄甫信。午刻，至尧山都护寓。未刻，回俄馆，写扇一柄。酉刻，巴使招饮。

廿四日，改正韵松所抄《问答语略》。与尧山都护同至十五里外登山望海，与摩阔崴仅隔一岭耳。午刻，在尧山寓中饭。是日，闻巴使接电报，俄主赏宝星奖之。惟界务尚未议明，何俄人已奏功也。酉刻，巴使招饮。

廿五日，上母亲禀，致大兄书，致王念劬书。酉刻，巴使招饮。

廿六日，与巴使订定申初刻覆议界务。复宋渤生书，复峻峰书。尧山都护来，同至巴使处会议。余以俄国新画界图自长岭至图们江一节弯曲太多，应照旧一律取直，略与辩论[41]。巴使谓：此岭是顺分水岭而下，水归图们江者属中国，水归海者属俄国，新图详细，较旧图尤准。前日所论补立"土"字界牌，巴使已接总督电覆云：从前既未立妥，自可酌量更改。观拟向沙草峰挪前十八里，立于山南沿江高坡下，不致为江水冲塌，约计离海口不过二十四五里，再前则沙土浮松，恐无立牌之地耳。"土"字[42]、"怕"字[43]两牌中间相隔太远，拟于蒙古街往来之道，补立"啦"字界牌[44]；于阿济密往来之道，补立"萨"字界牌[45]；又拟将三岔口小孤山上所立之"倭"字牌[46]，移设瑚布图河口，"倭"字牌北至"那"字牌[47]，"那"字牌北至东大川一带，须照南北直线划定小沟，庶无疆界不清、彼此争执之弊。以上各条均与巴使商酌允洽。惟图们江出海之口应作中俄两国公共海口，巴使未敢遽允，仍须电商总督再行定议。酉刻，巴使招饮。

廿七日，发津电。致佘澄甫信，复周少庭信。至尧山都护寓中，商定明日回珲春。午后回寓，尧山都护来晤。酉刻，巴使招饮。春雨鹏、廖子忠来，即令约同俄官至图们江口量地。

廿八日，辰刻启程，午刻至横道河旅店小憩，饭后，至俄卡哈斯三处茶话片晌，酉刻抵珲春城。

廿九日，至尧山都护处，商令沈韵松至图们江勘明补立"土"字界牌之地，并派员护解石牌，送至沙草峰南面山麓尽处，俟勘定后再行竖立。改正韵松所抄廿六日《问答语略》。

五月初一日，拟《勘界记文》稿六条。

初二日，致合肥相国书。

初三日，复戴孝侯书。未刻，俄使巴拉诺伏来拜，同至尧山都护处茶话片晌，余邀巴使同住行台。俄官舒利经、克拉多、马秋宁、多谟日落伏住东边一间；翻译官莫新、翻译、商人佘威罗伏住西厢房；哈斯三、索廓落伏斯奇、阿列克斜叶伏、佘拉代什廓甫四员借住乌营官处。酉刻，邀巴使及各俄员同饮。

初四日，与巴使谈论图们江口作为中俄公共海口一节，巴使游移未决也。午饭后，尧山都护邀巴使同往观剧。酉刻，邀巴使及各俄员同至尧山都护署中夜饮。

初五日，与巴使同至西门外关帝庙。午饭后，尧山都护邀往观剧。酉刻，邀巴使及各俄员同饮，戌刻，尧山都护邀同巴使至大街观灯。

初六日，上总署书。与巴使会议界务。将初一日所拟记文六条逐条商酌。第一条补立"土"字界牌，第二条添设"啦"字、"萨"字、"玛"字三界牌，第三条收还黑顶子地方，均已商议妥协。惟议至"那"字界牌，辩论未决。

巴使以为："那"字界牌非当时所立，系廓米萨尔·马秋宁与宁古塔副都统双福补立之牌。其时并无地图、条约可查，约略设立，致有错误，与旧图不符。现在两国派员查勘，应照原图将"那"字牌移立于横山会处，由"那"字牌画一直线，与"倭"字牌南北相对，方是照约办理。

余答以：此次奉命会勘边界，已设之牌，自应补立；未设之牌，亦可添设；旧有之牌，不可稍移。

巴使谓："那"字界牌若不能更正，"倭"字界牌亦当照旧设立。若从"倭"字牌分界，则界线挪西不少，中国便吃亏也。

余曰："倭"字界牌即不更正，亦与界线无涉。何也？瑚布图河口以南以河道为界，不以界牌为界。陆路别无凭据，专以界牌为重。界牌以西为中国界，界牌以东为俄国界。若界牌挪进一里，即占去一里之地，无论与旧图准与不准，总是两国派员监立之牌，并非中国官员私立之牌。此事，实不能应允。况有东大川烧毁卡伦一案：宁古塔副都统以此界牌为据，当由此牌正北为界线，则东大川之地应属何国管辖，不辩自明。若"那"字界牌挪西数里，此案之曲直不分矣！

巴曰：此牌之偏东偏西尚未可定。

余曰："那"字牌本系偏东。即云误立，亦不可改。

巴曰：两国派员会勘，原为更正错误，若有错误而不更正，何用查勘？

余曰：此次会勘，专为图们江一带补立"土"字界牌，并收还黑顶子地方。

但将此一段地方分好，绘图画押，即可还京复命。东大川之事，不过顺道一往查勘，此事本归地方官办理，大澂可不问也。

巴曰：明日即回岩杵河。稍迟数日，再行订期，同至图们江会勘"土"字界牌设立之地可也。

酉刻，邀巴使及各俄员同饮。

初七日，辰刻，巴使启程回岩杵河。再上总署书。

初八日，画"那"字界牌简明图寄总署阅之。复汪葆田书。申刻，尧山都护邀往观剧。

初九日，书"那"字界牌不可挪移五条说帖。复总署书，复容峻峰都护书，上母亲禀，致大兄书，复王念劬书。

初十日，发津电，复佘澄甫书，复宋渤生书，复周少庭书。尧山都护因余明日览揆之辰[48]，率同城文武来寓预祝。设酒席待之，宾主二十五人。

十一日，谢客杜门，复郑庵师书，写篆联四副，致运斋弟书。

十二日，至西营答哈伯琴统领，至河南答永厚山统领，还至尧山都护处，回寓已过午矣。致王廉生书。

十三日，至西门外关帝庙拈香。书篆屏四幅，篆联四副。致盛杏苏观察书，接佘澄甫观察来函，寄致合肥相国电。初五日电复，本日奉旨：李鸿章转电吴大澂，所议展界、竖牌、补记、绘图各节，均尚妥协，即着照议画押，钦此。

十四日，复容峻峰都护书，上母亲禀，致大兄书，致王念劬书。尧山都护来晤。为李仲敏画扇。

十五日，复佘澄甫书，复陶仲平、陆振之、尹伯园[12]书，复罗裕熙书。接戴孝侯书，知于四月十八日丁艰，作书唁之。

十六日，复容峻峰书。临散氏盘文一本。接俄使巴拉诺伏照会。力更正"那"字界牌事，起一照会稿复之。本约巳刻与尧山都护同行至图们江沙草峰南，会同巴使勘立"土"字界牌，大雨竟日不能行，遂改至十八日启程矣。

十七日，尧山都护来晤。复汪葆田书，复汤伯硕书。

十八日，复周玉山书。巳刻，启程行二十里至二道河卡伦，尖。又三十里至横道河俄卡，新换卡伦官索廓落伏斯奇带队来迎，茶话片晌。又行三十里至三道岗子，有盐锅十余家，濒海而居，遂宿焉。

十九日，行二十里至英安河高丽民房，尖。有训蒙郑周鹤来见，献诗一首，余作一绝句答之。又行三十五里至沙草峰南十余里山麓尽处，支帐而宿。与巴拉诺伏帐房毗连，舒利经、克拉多、马秋宁及佘威罗伏、莫新皆在焉。巴使名其地曰"吴岗"。先于立牌之地掘一土坑，二尺深，四面用碎石填筑。中起石台,用土坚磃<sup>49</sup>,仅留一长方孔,约三尺余深。此处与卧峰相距不过里许也。

廿日,辰刻,与巴拉诺伏、尧山都护监立"土"字石牌。又与巴使策马至卧峰登高四望。又南行十余里,未至鹿屯岛而还。自"土"字界牌至海口尚有三十里也。夜雨。

廿一日,大雨不止,帐房多漏。未刻,移居卧峰南麓高丽民人朴姓家。

廿二日,晴。午刻启行,三十八里至英安河,茶尖。高丽人云:"俄官皆由陆路回岩杵河,惟巴拉诺伏乃坐小艇出英安河口而去。"余与尧山商定,由南道至苏伦哈达渡海,宿摩阔崴,无深沟陷马之患。行二十里,望见巴使与克拉多、佘威罗伏三人坐一艇在海滩浅水处,四仆在水中挟舟而行,濡滞不能速也。又行十余里至苏伦哈达,时已薄暮,雇高丽渡船扬帆而渡,约三里许,顷刻抵摩阔崴登岸。有俄官导至一公所,则巴使与克拉多、佘威罗伏先在焉。统领密萨罗说邀余往俄馆,辞之。遂与尧山都护同宿刘家洋货铺。

廿三日,俄统领密萨罗说来,约巳初刻至俄馆早饭。午初启程,行三十里,未正,抵岩杵河。仍住俄馆。致王芷帆书。

廿四日,巳刻,会议界务,商定记文内七条事宜。惟图们江口中国船只出入,俄国不得拦阻一条,巴使已函商俄京外部大臣,尚无复音。"倭"字、"那"字两界牌须俟履勘明白,再行定议。此二条须俟将来议妥后,附于记文之末。其余五条均已议定。交笔帖式阿察本翻译满文,再由满文译出俄文,方可缮正也。午后致托勤轩书。至尧山都护寓中茶话。

廿五日,书地图上汉文二幅。雨竟日。

廿六日,致文焕卿书,致宋渤生书。至尧山都护寓中午饭,申刻归。接津寓寄来《京报》,知粤抚倪豹岑前辈引疾开缺;鄂抚谭叙初前辈调任粤中,奎耀山方伯升鄂抚;山左陈隽丞中丞被召入都;张朗斋中丞调任东抚。

廿七日,起折稿。申刻,至尧山都护寓中商之。

廿八日,起片稿。上母亲禀,致大兄书。王芷帆、庆锡安由珲春来。酉刻,巴使邀往观剧。

廿九日,书记文一页。尧山都护来晤,拟于明日先回珲春。舒利经所撰地图上详细记文,语意繁复,脉络不清,余为删节而改正之。晚饭后至尧山都护寓中茶话。接总署电。

三十日,至舒利经寓中商酌记文稿。书记文二页。

六月初一日,复总署电,致佘澄甫书。书记文二页。

初二日,书记文三页。

初三日,巳刻,会同巴使先将记文画押钤印,彼此互换。惟地图及交界道路记文尚未画押。复宋渤生书。

初四日，致合肥相国书，复王念劬书，复汪葆田书，致尧山都护书，巴使于昨晚赴海参崴。

初五日，改正舒利经重撰交界第一段道路记。接巴使海参崴来电，订于初七日晚间同赴摩阔崴乘轮至哈玛塘，两日可抵三岔口也。致尧山都护书。书交界道路记一篇。巴使自海参崴归时已亥刻矣。

初六日，书交界道路记一篇第二份。尧山都护自珲春来。

初七日，巳刻，尧山都护来，会同俄使巴拉诺伏及克拉多、马秋宁，将中俄交界第一段地图及道路记文画押钤印，两国各存一份。惟舒利经往查界线未回岩杵河，尚未画押也。未刻拜折。酉刻，与巴使同车冒雨至摩阔崴，尧山都护已先在矣。戌刻，上俄国兵轮船，船名阿布列克，管带者，拉威罗伏也。

初八日，寅正开船，未正至绥芬河口。换坐小轮船，船名"僻亚尼尔"。由河口至哈玛塘六十里，河道弯曲，两岸绝少人家。船上烧柴而不用煤，中途岸上有积柴数大堆，停轮片刻添柴数十捆，乃行。登岸时已戌刻矣。俄统领斯敏而士基在河干迎候。五年前在摩阔崴见之，如旧相识也。余与巴使同车行三十里越一岭至俄站少憩，站名巴拉诺伏站。又行三十里至双城子。俄提督科尔悉利、统领阿达莫为赤、密赤可伏均来迎候。先至科提督寓，见其夫人及女公子。巴使送余至水师会馆，尧山都护别寓华商陈才店内。

初九日，至尧山都护寓，同车往拜阿统领、密统领及民官萨那特瓦落伏。未刻,科尔悉利召饮。回寓少憩。余以足疾不良于行,适当夏令雨多,感受潮湿,两日之间忽艮其趾矣。亥刻，尧山都护来寓，同至科提督处夜饭。

初十日，辰初刻启程，余与巴使同车行六十里至新开河俄村，尖。又行五十里渡绥芬河。雨甚，又行十里至俄卡少憩。又十余里至三岔口招垦局，时不过申刻也。曲鹤亭、托勤轩均至俄卡迎候。鹤亭扫榻以待，有宾至如归之乐。盖三岔口本无集镇，余于壬午年四月亲自相度地势，起盖官房招商招垦，并发千金为积谷之资。现存仓谷百余石每石六百斤，每遇夏间青黄不接之时，借给农民稍资接济，秋收后按户交还，于贫民不无小补也。铺户约有五十余家，后街房屋亦次第兴造，不数年间，居然城市，农工商贾各有欣欣向荣之意。使节重来，不觉喜形于色矣。

十一日，廓米萨尔·马秋宁与佘威罗伏同来。舒利经欲赴横山会处查勘咸丰十一年原立"那"字界牌之地，因派佐领托勤轩托伦托勒同往。吴硕甫从细鳞河来晤。

十二日，雨。

十三日，马秋宁、佘威罗伏来，同至小孤山查阅"倭"字界牌。

十四日，与尧山都护同至俄卡。巴使留饮，薄暮始归。

十五日，与尧山都护、硕甫、鹤亭渡绥芬河北，携带指南针至瑚布图河口插立旗帜，正北山上有俄人设立木杆。初不知"那"字界牌在何处也，及策马登山，知"那"字牌与标杆相去数武，正与瑚布图河口南北相对。此即宁古塔副都统双月亭与廓米萨尔·马秋宁补立之"那"字牌也。界牌之北有俄国画图官支帐而居，因就帐下小憩。屯民李振邦饷以馓粥，遂席地饱餐。时已过午矣。饭后由"那"字牌西北行数里，转向正北，盘过一岭路向东北行。尧山都护怒马先行，登一高岭，余亦策骑从之。因用指南针测对方向，遥望东大川，一沟东西，横亘于两峰之下，其两峰与"那"字界牌南北相对。从前宁古塔查界委员皆称"那"字界牌之西北为东大川，亦约略之词，未用指南针逐段测准也。归路由山南荒道至绥芬河渡口，酉刻回寓。

十六日，复容峻峰都护书。巴拉诺伏与马秋宁、多谟日落伏、佘威罗伏同来，聚谈竟日。

十七日，发津电，致佘澄甫书。写小界牌篆书十纸，第十七至二十七号。写篆额二。

十八日，书篆联三。读《先正事略》。

十九日，读《先正事略》。

二十日，读《先正事略》。

廿一日，书篆联一。读《先正事略》。

廿二日，读《先正事略》。托勤轩自北路回三岔口。知舒利经尚在山中，查访界牌未获也。

廿三日，马秋宁、佘威罗伏同来，知舒利经已访得咸丰十一年原立之"那"字界牌。惜托佐领未之见也。

廿四日，读《先正事略》。日盼舒利经回，面询一切，竟无消息也。

廿五日，与尧山都护同至俄卡。申刻，尧山仍回三岔口。巴使留余住俄馆。酉刻，舒利经来述，悉横山会处之旧木牌仅存二尺许，上多朽烂，惟两面平正，与枯树不同，下有碎石砌成方基。荒山榛莽中有此木牌，其为"那"字旧界牌无疑。舒利经穷数日之力，南北周历三四十里，东西往复数十里，始获睹此旧址。其地在小绥芬河源迤东，与旧图亦相合也。俄官闻之均为色喜。巴使约明日会议，廿七日启程，赴海参崴小住数日，再回岩杵河。

廿六日，巳刻，尧山都护来，与巴使议定，横山会处原立"那"字界牌之地，应于该处掘地数尺，先用碎石坚筑台基，留一竖牌之孔，俟冬令冰坚，再将"那"字石牌由小绥芬河拉运至横山会处，届时再由两国大员另派妥员公同监立。观从横山会处直至瑚布图河口，做一直线，节节添设土墩，凡高岗阻隔处及往来大道均须设立记号。小孤山上之"倭"字牌，与咸丰十一年成侍郎所定记文不符，亦应改设瑚布图河口，该处河滩地洼，恐水涨时淹及碑座，拟就山坡高处建立。均由舒利经一手经理。余与尧山都护商派佐领托伦托勒、骁骑校永顺随同照料，期于一月内妥速办竣。是晚，尧山都护仍回三岔口，余住俄馆。吴硕甫、曲鹤亭已于是日辰刻过俄站，带同行李车先赴双城子矣。

廿七日，卯正，余与巴使同年行六十里至新开河俄村小憩。时方巳初刻也。又行六十里，午正已达双城子。先至科提督寓小饮，余仍住会馆，尧山都护则迳赴华商陈才店内矣。吴硕甫、曲鹤亭来，留之同住会馆中。戌刻，科尔悉利召饮。

廿八日，至尧山都护寓中午饭。吴硕甫、曲鹤亭于是日午刻先赴哈玛塘候轮船矣。未刻，回会馆。佘威罗伏来晤，闻机器磨面局有残碑一座，约明日同往访之。

廿九日，卯初刻，与佘威罗伏同车至机器磨面局。敲门而入，见有残碑半截竖立院中。其下龟趺尚在，文则剥落殆尽，仅存"其台"二字，楷书甚工，馀无可辨者。卯正回寓。旋至科尔悉利寓。与巴拉诺伏同车行三十里至巴拉诺伏站，换马再行三十里至哈玛塘，不过巳初刻也。仍坐僻亚尼尔小轮船至绥芬河口，换坐兵轮船，船名"昔乌赤"，管带官姓幽里也夫。酉刻，抵海参崴，船甫泊定，有俄国海部尚书佘斯达廓伏来船，立谈数语而去。闻俄国总理海军者，国王之弟。佘斯达廓伏则会办海军之大员，因久疾不愈，医者劝令遨游四海，故巡阅至东海滨。维舟数日将赴长崎，乘商船回国也。余与巴使同车至佘威罗伏家宿焉。尧山都护及吴硕甫、曲鹤亭均寓佘威罗伏家。夜饭时，丁禹亭军门⑩差弁来崴持函谒见。知禹亭奉合肥相国电谕，已带"定远""镇远""济远""超勇""扬威""威远"六舰行抵朝鲜之元山，定于初一日开至海参崴，计初二日可抵埠也。水师官恩格利玛来拜。

七月初一日，复丁禹亭军门信。雨甚，未出门。

初二日，巴使邀同尧山都护、佘威罗伏，往拜水师官恩格利玛、地方官马廓斐斯奇、管狱官辟土罗伏。旋至科尔悉利寓中少憩。前日科尔悉利偕其女公子由哈玛塘同船至海参崴，其夫人与其次女先数日来崴，因有小恙，赴崴澡浴。俄人谓海水浴身可以却病也。俄官布斯席新设博物院学堂，邀往一观。土木之工正在兴作，堂之西偏一屋，罗列兽骨、鱼骨、各种鳞介飞虫，奇奇怪怪。

一木一石必备其样，以资考证。玻璃瓶内多蓄蛇类、鱼类，有蛇不类蛇，鱼不类鱼者，皆不知其名。蝴蝶数十种，草虫数十种，皆在玻璃匣内，宛然如生。又有石镞、石斧，云自阿济密土中掘得者，自是三代遗物，即肃慎氏之楛石也。又有以鱼骨为箭镞者，当亦古物。余乞得石镞一、鱼骨镞一，以归。申刻，"定远"各舰陆续进口。酉刻，丁禹亭军门来晤。是夕，水师会馆有歌舞之会，俄官恩格利玛邀往听乐并观士女跳舞。

初三日，禹亭来寓午饭。"定远"管驾官刘步蟾[51]、"济远"管驾官方百谦、"超勇"管驾官叶祖珪、"扬威"管驾官邓世昌[52]、"威远"管驾官萨镇冰均来谒见。惟"镇远"管驾官林泰曾因病未来。申刻，与尧山都护同上"定远"铁舰。巴拉诺伏、克拉多、马秋宁、倭罗忽伏、多谟日落伏、题列满、佘威罗伏同来，科尔悉利后至。俄官周历炮台及机器舱，皆啧啧称羡不已。巴使率各俄员先归，余与尧山即在船上晚饭。回寓时，水阁灯光满岸矣！

初四日，为俄国王后寿辰，海部尚书佘斯达廓伏邀至兵舰会饮。午初刻与尧山都护同往，并拜水师提督廓尔呢罗伏。正午刻，佘斯达廓伏、巴拉诺伏率领大小俄员五十余人即在船上行礼。黄扉双掩，有喇嘛在内诵经，门楣上端悬十字架，左右悬男女二像。须臾，喇嘛启户出，则见门内设座，亦悬二像，询之俄官，云一为耶稣，一为耶稣之母。喇嘛须发皓白，冠僧帽，披白绞袈裟，以金为绣，上下有红十字。数层衷衣，亦长服束带，如裙二幅，重叠下垂，偏左腰而不正，或拜或起，或手执炉香，以香烟簸于四方。俄员皆鞠躬敬听，以手扪心。旁有六七人穿白衣者，有四五人穿黑衣者，皆随喇嘛诵经。约一点钟许，诵经始毕。俄官亦不行礼而退。维时各船皆挂五色满旗，俄船升炮一百二，我船升廿二炮贺之。丁禹亭军门后至，"定远""镇远"各船管驾同来入座。中俄文武大小官员同饮者六十余人，彼此奉杯颂祷。歌乐并作，欢声雷动，可谓极一时之盛矣。申刻回寓。复偕尧山都护、吴硕甫、曲鹤亭同至"济远"铁舰，又至"超勇"快船，薄暮始归。是夜俄船悬灯数千，各俄馆及商家亦悬灯数千，我船以电气灯照耀海滨，光芒四射。海若有灵，亦当凌波一笑也。

海参崴将军斐列高撙之夫人病久不愈，故到崴数日与斐将军尚未拜往也。闻于是日卯刻仙逝，明日出殡。

初五日，与尧山都护往答日本商务官寺见机一。前日来拜时，适赴"定远"船，未得见也。午刻，送斐将军夫人葬，俄礼不吊亦不送纸，但随灵柩至茔地，一路听喇嘛诵经，送柩入土而已。是日，送葬者男女千余人，乘车者百数十人耳。水师提督廓尔呢罗伏来见。

初六日，与巴使、尧山都护同赴照相处照相。复榵本武扬书，致王念劬书，致容峻峰书。

初七日，辰初刻，与尧山都护及俄官巴拉诺伏、克拉多、马秋宁、多谟日落伏、倭罗忽伏、通事莫新同上"定远"铁舰。适遇大雨，雾气迷蒙，船不能开。至巳初刻，始得展轮出口，雨仍未止。午后晴霁，酉正，抵摩阔崴停泊。因铁舰欲赴长崎上油，禹亭军门定于明日带领"定远""镇远""济远""威远"四船开往长崎，留"超勇""扬威"二船泊摩阔崴。候界务事竣，即可乘轮回津也。登岸后，至统领密萨罗说处小憩，余与巴使同车行，至亥初刻即抵岩杵河。

初八日，卯正，由岩杵河启程，午初刻至俄卡，尖。戌初刻，始抵珲春。接天津来电。

初九日，起折稿，发津电二，致余澄甫书，阅公牍、《京报》。

初十日，上总署书，致续燕甫阁学书，复运斋书，起咨札各稿，申刻拜折，尧山都护来晤。

十一日，复容峻峰都护书，复宋渤生书，复富森堂书，复文焕卿书，答拜尧山都护，复大兄书。

十二日，上母亲禀，复王念劬书，复汪葆田书，复王胜之书，又复菘孙书，致富森堂书。

十三日，尧山都护邀阅东炮台，至永厚山统领处午饭，致穆春岩将军书，致叶冠卿方伯书，致杨实斋书，释旁眉鼎、梁上官鼎、伯鱼鼎、伯作鼎、董伯鼎、衰鼎金文六种。

十四日，释趚鼎、己亥鼎、丙午鼎、犀伯鱼父鼎、陈侯鼎、杞伯敏父鼎、眉脒鼎、鳌鼎、先兽鼎金文九种，题全形拓本五种。尼廓来福来见。致托勤轩书。

十五日，复汪葆田书，复陶仲平书。释哉叔鼎、子孙作妇姑鼎、员鼎、且子鼎、鲁内小臣鼎、伯向鼎、叔载鼎、伯頵父鼎、宋趄亥鼎金文十种。

十六日起，查明更正"倭"字、"那"字两界牌记文稿。释甚谋臧聿鼎、鼎字象形鼎、亚形祖辛父庚鼎、亚形父己鼎、亚形母癸鼎、亚形父丁鼎、师汤父鼎、师趚鼎、师雕父鼎金文九种。俄官题列满、索廓落夫斯奇并医官米特同来，接巴拉诺伏书

十七日，复郑庵师书，致运斋书，复汤伯硕书。至尧山都护处午饭。致汪葆田书，致程乐庵书。

十八日，上母亲禀，复大兄书，复王念劬书，复合肥相国书，复盛杏荪书，录诗草十六页寄陈伯潜同年。

十九日，致陈伯潜同年书，致裴樾岑同年书。尧山都护来晤。释彭女鼎、立旂形父奖鼎、遂启谋鼎、父已鼎、象鼎、象形祖辛鼎、宰牲形父辛鼎、郑饔遵父鼎金文八种。

二十日，西营统领哈伯琴来晤。释无夆鼎、仲师父鼎、帝已祖丁父癸鼎、宁母鼎、乙亥鼎、上官鼎、平安君鼎、举父丙鼎、子立刀形父辛鼎、手执简形父庚鼎金文十种。

廿一日，起照会巴使稿，为辩论图们江口事也。释史颂鼎、立戈形鼎、手执干鼎、函皇父敦、仲敦、子负橐形敦、羞敦、师舍敦、伯雠父敦、丰兮夷敦、已侯敦、祖庚乃孙敦金文十二种。书篆联四。尧山都护来晤。

廿二日，书篆联五、"虎"字二、篆额二。释癸山敦、享敦、子负瞿形戊敦、南方敦、曘敦、乙未敦、太保敦、君夫敦、颂敦、伯辟敦、城虢敦、伯鱼敦金文十二种[13]。尧山都护家祭，邀往吃肉。

廿三日，释师寰敦、陈侯因资敦、臤父癸敦、伯就父敦、杯敦、格伯作晋姬敦、双鸟集木敦、豆闭敦金文八种。尧山都护来晤，同至东门观鹿。书篆联九。

廿四日，释伐郐鼎。赴北门外双龙山祭风神。尧山都护留饭并观剧焉。申刻归。

廿五日，至西营哈伯琴统领处，旋至尧山都护署中，并赴各处辞行。复容峻峰都护书，致吴硕甫书，复宋渤生书。酉刻，尧山都护招饮。

廿六日，辰初刻启程，午刻至横道河子，尖。酉刻，抵岩杵河，仍与巴拉诺伏同住俄馆。

廿七日，与巴使议论图们江口中国行船俄国不得拦阻一节。巴使之意欲归总署与驻京公使商议，余未之允也。英舰久占朝鲜之巨文岛，以扼海参崴俄船出入之路。合肥相国来书云：劼刚与敝处屡催英退出巨文，英人总谓彼若退出，俄必来踞。若保他国不踞，英必克期退还等语。因与巴使议论及此，巴使谓：俄人必不觊觎朝鲜尺寸之土。英人新闻纸谓俄与朝鲜立约，有利其疆土之意，此英人之谣诼，不足信也。余曰：俄国并不欲占踞朝鲜之岛，可否立一私约为据，庶中国可责备英人，令其退出巨文，岂不甚善。巴使谓：不必立约，渠可电告总督转奏俄廷。总之，英国兵船如果退出巨文岛，俄国必不效尤，此可以一言为信也。

廿八日，与巴使议论珲春电报与俄电接线事宜应议条款。巴使谓：总办电线官齐米尔满现在黑龙江，可发一电调至岩杵河，令与中国总办电线之佘道面议一切最为妥协。约计俄历九月十五日可到，即中历八月底也。发津电二。致佘澄甫书。

廿九日，约莫新来寓，填写地图上汉文须逐段翻译也。

八月初一日，缮写《查明更正"倭"字、"那"字两界牌记文》一篇。

初二日，书《龙字说》一篇。

初三日，书《鞗字说》一篇。上母亲禀，致大兄书，致王念劬书，致潘顺之年伯书。发津电一。致佘澄甫书，致合肥相国书。

初四日，填写地图上汉文。致尧山都护书。写折扇一。

初五日，写折扇一。书《毛公鼎释文》半页。

初六日，写折扇二。书《毛公鼎释文》半页。

初七日，书《毛公鼎释文》一页。

初八日，致希赞臣将军书，致文焕卿书，复容峻峰书，复吴硕甫书，致刘毅斋中丞书。

初九日，书册页六页，书《毛公鼎释文》半页。

初十日，拜克拉多。书《毛公鼎释文》半页。

十一日，舒利经由三岔口回岩杵河，知绘图人员已陆续到来。"玛"字、"那"字两界牌基址均已用石填砌，惟"倭"字界牌尚未立妥也。克拉多来晤。书《毛公鼎释文》半页。

十二日，拜舒利经，同至北营观画图，各俄员所绘地图稿本均未设色也。书篆联五，篆屏四幅。接津电。

十三日，舒利经来晤。发津电。复佘澄甫书，复尧山都护书。书篆联二、篆屏二幅，书《毛公鼎释文》半页。

十四日，书《毛公鼎释文》半页。

十五日，书《毛公鼎释文》半页。

十六日，书《毛公鼎释文》竟。题全形拓本二种。

十七日，至舒利经处，阅第二段交界图稿，作交界道路记一篇。

十八日，至北营画图公所校对第二段交界里数。巴拉诺伏、舒利经亦来。午刻回寓，书《鲁公伐郜鼎释文》。

十九日，复宋渤生书，致容峻峰书，致佘澄甫书。书《微子鼎释文》，书《师奎父鼎释文》。

二十日，复尧山都护书。接合肥相国电。书《子璋钟》《史颂敦》释文。

廿一日，题全形拓本十三种。

廿二日，书《鲁伯俞父匜》《鲁伯俞父簠》《白莽敦》释文。

廿三日，书《芮公鬲释文》。作《沐沫字说》《载字说》。

廿四日，作《缓字说》。书《字说》三篇，书篆屏四幅。

廿五日，书篆书《夏小正》二页。致刘芝田星使电。接合肥相国电。

廿六日，书篆书《夏小正》二页半。致刘芝田星使电，复合肥相国电，致合肥相国书。

廿七日，复容峻峰书。起照会稿。书《夏小正》一页，书《毛公鼎》文一页半。

廿八日，书《毛公鼎》文四页，《鲁公鼎》文一页。

廿九日，腰痛不能动作，尚系从前堕马受伤之处，因感风寒复发。

三十日，郭梯阶来晤。接刘芝田电，致合肥相国电，致容峻峰书，致刘芝田电。

九月初一日，书《盂鼎释文》。答郭梯阶。

初二日，书《盂鼎释文》。

初三日，书《盂鼎释文》。尧山都护自珲春来。接刘芝田电。

初四日，书俄语四页。尧山都护来，答尧山。接合肥相国电。

初五日，会议图们江口行船事。复合肥相国电，复佘澄甫书、容峻峰书。

初六日，写第二段、第三段交界地图汉字各一份。

初七日，书俄语二页。与尧山都护同赴北营画图处，查阅"倭"字牌以北东大川地方。

初八日，写第三段交界地图汉字一份。接合肥相国二电支、歌。

初九日，复合肥相国电，致盛杏荪电，复佘澄甫书，复廖子忠书。

初十日，至炮队营官处午饭。书《盂鼎释文》。

十一日，复容峻峰、佘澄甫书。

十二日，至画图处校对第六段记文山水名。书《盂鼎释文》。尧山招饮。

十三日，画交界第六段记文地图竣事，画押、盖印，并补第二段第三份地图画押，写第二段交界地图汉字一份。

十四日，写第六段交界地图汉字一份。

十五日，发津电。

# 跋

　　右，先外王父，中丞吴公《皇华纪程》一卷。公奉使勘界时纪行之作也。

　　吉林在昔，带海为疆。自咸丰间中俄订约，东尽乌苏里江，东南迄于图们。图们入海之处，本属中国。只以当时界限未清，俄人遂乘机占据，并入海之路而杜绝之。可为浩叹！

　　光绪十二年珲春勘界，其议始发于公，具有深意。

　　此书于当日辩论情形，言之甚悉。俄员虽设词推诿，尚留异日交涉余地，则斡旋补救，不能无望于后人矣！

　　东陲文献缺如。公此行所至，赋诗题名，他日皆可为此邦掌故。爰付印行，以广流传，并备言边事者之一助。

外孙张厚琬　谨跋

# 注　释

①皇华：语出《诗经·小雅·皇皇者华》篇。谓君遣使臣。后世称颂使臣为"皇华"。

②牌博：指一八六一年勘分东界时，所立的八个木制界牌。

③圻（qí）：方千里之地。

④诪（zhōu）张：欺诳。此句指沙俄、英国对我国新疆的侵略。

⑤谟：计策、谋略。

⑥樛（jiū）：通"摎"。纠结，交缠。

⑦枝梧：抵触。

⑧蓄艾：《礼记·曲礼上》："五十曰艾。"孔颖达疏："发苍白色如艾也。"吴大澂奉使赴吉时年五十余岁。指其白发渐生之意。

⑨坛坫：古代诸侯会盟之地。折冲：是"折冲樽俎"的省略。意即在会盟席上制胜对方。

⑩铸铁岂容成大错：《资治通鉴》唐昭宣帝天祐三年："罗绍威虽去其逼，而魏兵自是衰弱。绍威悔之，谓人曰：'合六州四十三县铁，不能为此错也。'"

⑪着先鞭：《晋书·刘琨传》：与"范阳祖逖为友，闻逖被用，与亲故书曰：'吾枕戈待旦，志枭逆虏，常恐祖生先吾着鞭。'"

⑫犬牙：即犬牙交错。《汉书·中山靖王传》："诸侯王自以骨肉至亲，先帝所以广封连城，犬牙相错者，为磐石宗也。"意为交界线很曲折。

⑬五丁：传说中的五个大力士。《水经注·沔水》："秦惠王欲伐蜀而不知道，作五石牛，以金置尾下，言能屎金，蜀王负力，令五丁引之成道。"

⑭醹：醇厚的酒。

⑮苜蓿盘：此处用来形容教官和学馆的清苦生活。

⑯依拉奇：即今一拉溪。

⑰铜柱铭：篆文"疆域有志国有维，此柱可立不可移"，铜柱高约十二尺，立于珲春黑顶子地方的国境上。

⑱曹彝卿：即编撰《东北边防辑要》《东三省舆地图说》的曹廷杰。

⑲ 漫漶：模糊不可辨识。

⑳ 槎枒：同"杈丫""楂丫"。

㉑ 棋枰（píng）：古代博局。

㉒ 驽骀：二者均为劣马。喻才能平庸。

㉓ 踬（zhì）：被绊倒。

㉔ 诘朝：《左传·僖公二十八年》："诘朝相见。"杜预注："诘朝，平旦。"

㉕ 鞅掌：《诗·小雅·北山》："或栖迟偃仰，或王事鞅掌。"毛传："鞅掌，失容也。"言事多不及整容。引申指公务繁忙。

㉖ 封姨：古代传说中的风神。

㉗ 乌拉：即靰鞡鞋。

㉘ 縢：绑腿布。

㉙ 泮：融解。

㉚ 蟦食李：《孟子·滕文公下》："蟦上有李，蟦食实者过半矣。"蟦，即蛴螬。蟦食李，蟦虫所食之余。

㉛ 麝煤：做墨的原料，因用为墨的代称。韩偓《横塘》诗："蜀纸麝煤添笔媚，越瓯犀液发茶香。"

㉜ 脱骖："脱"同"说。"《礼记·檀弓上》："孔子之卫，遇旧馆人之丧，入而哭之，哀；出，使子贡说骖而赙之。"说骖即解下骖马。

㉝ 讙（huān）：通"喧"，喧哗。又同"欢"。

㉞ 鸿沟：《汉书·高帝纪》："汉复使侯公说羽，羽乃与汉约，中分天下，割鸿沟以西为汉，以东为楚。"此处言：会同俄官查勘边界牌博，换立石碑。

㉟ 献曝：《列子·杨朱》："宋国有田夫，常衣缊黂，仅以过冬。暨春东作，自曝于日，不知天下之有广厦隩室，绵纩、狐狢。顾谓其妻曰：'负日之暄，人莫知者，以献吾君，将有重赏。'"此处指乌拉草为人取暖。

㊱ 匏（páo）：用匏瓜制成的饮具。

㊲ 醵金：凑钱，集资。

㊳ 沮洳（jù rù）：低湿之地。

㊴ 合肥师相：指李鸿章。后文"合肥相国"亦指此人。

㊵ 图们江：即今图们江。（下同）

㊶ 原文"辨论"，应为"辩论"。（下同）

㊷ "土"字界牌：俄文为"Т"。

㊸ "怕"字界牌：俄文为"П"。

㊹ "啦"字界牌：俄文为"Р"。

㊺“萨”字界牌：俄文为“C”。

㊻“倭”字界牌：俄文为“O”。

㊼“那”字界牌：俄文为“H”。此外，一八六一年所立的八个木界牌中尚有：“耶”字界牌，俄文为“E”；“亦”字界牌，俄文为“I”；“喀”字界牌，俄文为“K”；“拉”字界牌，俄文为“Л”。此次（一八八六年）补立的石界牌中，尚有“玛”字界牌，俄文为“M”。

㊽览揆：生日之代称。

㊾硪（wò）：打实地基用的一种工具。

㊿丁禹亭：甲午海战中北洋海军提督丁汝昌。《清史稿》有传。

(51)刘步蟾：甲午海战中殉国的右翼总兵。《清史稿》有传。

(52)邓世昌：甲午海战中殉国的“致远”舰管带。《清史稿》有传。

# 校 记

〔1〕原文"此三十里约有四余里之远",有乖常理。今据上下文,改为"四十里"。

〔2〕原文"人烟稠窨",显系"人烟稠密"之误。

〔3〕原文:"过了冰何便雪山"。"冰何"为"冰河"之误。

〔4〕原文"宋榻"误。"榻"形近"搨"。今改为"宋拓"。

〔5〕原文"攅",为"攒"之形误。

〔6〕原文"瀺瀺",系"潵潵"字形之误。

〔7〕原文"蕡齐",后文均作"蕡斋",据改。

〔8〕"逸"前作"夷"。实为一人。

〔9〕《金史·传十》又作"壮义"。

〔10〕后文均作"春雨鹏"。

〔11〕前文作"马秋宁",后文又作"马邱宁"。此处原文为"马九宁",均系音译致之。

〔12〕据二月初一日信,又作"尹伯圔"。

〔13〕实列十一种,疑有误。

# 附

# 吉林勘界记

光绪十二年奉命会勘吉林边界事宜。四月十九日由珲春起程，前赴俄境岩杵河会商界务。四月二十二、二十六两次会议，将大略情形电达直隶总督李鸿章，转电总理各国事务衙门。五月十三日钦奉五月初五日谕旨："所议展界、竖牌、补记、绘图各节，均尚妥协，即着照议画押。钦此。"

窃思珲春与俄国交界地方有界限不清之处。因咸丰十一年，前户部侍郎成琦会同俄员建立木界牌八处，其末处"土"字界牌最关紧要，不知何年毁失，遍询土人，无从查究。

珲春辖境处与俄接壤，副都统依克唐阿到任后，查阅边界，自珲春河源至图们江口五百余里，竟无界牌一个。黑顶子山濒江一带，久被俄人侵占。屡与大激照会俄员索还占地，并迭次面商，据约辩论。该俄员等一味支吾延宕，竟于黑顶子地方添设卡兵，接通电线，有久假不归之意。旋经吉林将军希元专派协领穆隆阿、双寿等约同俄员会勘，仅至沙草峰，为俄人所阻，未经勘毕而回。

此次会同俄国所派勘界大臣巴拉诺伏等商议界务：首重立"土"字牌交界之处；次则归还黑顶子要隘之地。据俄员舒利经指出：成琦所换地图上界线尽处，即咸丰十一年原立"土"字界牌之所。江东有大泡子积水为记；江西与朝鲜偏脸城相对。舒利经即系当时亲自绘图竖立界牌之人。言之确凿，并呈出大小图稿。一牌有一牌之图，沙草峰所立"土"字界牌似非无据。查咸丰十一年所换图内，英尺一寸系俄国二十五里，中国里五十里。图上界线末处与海口相距几及一寸，系俄里二十余里，以中国里数计之实系四十五里。惟咸丰十年条约内云："两国交界与图们江之会处及该江口相距不过二十里。"咸丰十年交界道路记文内亦云："图们左边距海不过二十里立界牌一个，上写俄国'土'字头。"

现查十一年所立"土"字牌之地，并未照准条约、记文二十里之说。与巴啦诺伏反复辩论，该员以为：海滩二十里，俄人谓之"海河"，除去海河二十里方是江口。大澂等以为：江口即海口。中国二十里即俄国十里。沙草峰原立"土"字界牌既与条约记文不符，此时即应照约更正。巴啦诺伏仍以旧图红线为词，坚执不允。此四月二十二日与俄员议立界牌，力争未决之情形也。

此外，尚有应办事宜数端：旧图内"拉"字、"那"字两牌之间有"玛"字界牌，记文则缺，而未立条约内，"怕"字、"土"字两牌之间有"啦""萨"二字界牌。地图、记文略而不详。现应补立者，一也。旧立木牌，年久易于朽坏。乡民有烧荒之例，野火所焚，延及牌木，难免毁损。改用石牌，较易坚固。亟应换立者，二也。两国交界地段太长，牌博中间相去甚远，路径纷歧，山林丛杂，本未立牌之地，难免越界之人。自宜酌择要地，多立封堆，挖沟为记，愈密愈详。此应办者，三也。俄人所占黑顶子地方设有俄卡，现应补立"土"字界牌，该处在红线界内，依克唐阿当即派员前往接收，添设卡伦以清界址。此应办者，四也。舒利经现画分图以英尺一寸为俄国一里，计中国里二里，较旧图尤为细密。大澂等与该员详加考核，分注汉文、俄文。应将此图画押钤印，中俄各存一份，以补旧图之不备。此应办者，五也。

以上各条，均于四月二十六日复议界务时与巴啦诺伏详细妥商，各无异议。惟补立"土"字界牌一节，再三辩驳，始允于沙草峰南越岭而下至平冈尽处竖立"土"字牌。以江道计之，照旧图展拓十八里，径直里数不过十四里。派员前往测量，该处距图们江出海之口顺水而下为中国里三十里，计俄国里十五里。陆路直量为中国里二十七里，俄国里十三里半。自奉谕旨允准后，即于五月十九日约同巴啦诺伏及舒利经、克拉多、马秋宁等前赴图们江，议立界牌之地亲自勘明。于二十日将"土"字石牌公同监立，并用灰土石片深埋坚筑，以期经久。所拟记文写满文、汉文、俄文各二份，另绘分图，于六月初七缮写完竣，即于是日在岩杵河俄馆会同勘界大员巴啦诺伏等画押钤印。

图们江"土"字界牌以南至海口三十里，虽属俄国辖境，惟江东为俄界，江西为朝鲜界，江水正流全在中国境内。中国如有船只出海口，非俄国一国所能拦阻。与巴啦诺伏商议数次，总以奏请俄廷示谕为辞。俟商妥后再行定议。

宁古塔境内"倭"字、"那"字二界牌，均与记文、条约不甚相符。六月初十日，约同巴啦诺伏等同赴三岔口查勘"倭"字界牌。现在小孤山顶距瑚布图河口尚有二里，并非中俄交界地方。查咸丰十一年，前仓部侍郎成琦会同俄国大臣议定交界道路记文内称："在瑚布图河口西边立界牌一个，牌上写俄国'倭'字头。"并未载明在小孤山。细询缘由，因当时河口水涨，木牌易于冲失，权设山顶，离河较远。若以立牌之地即为交界之所，则小孤山以东至瑚布图河口一段又将割为俄地。现与巴啦诺伏议定，将"倭"字石界牌改立瑚布图河口山坡高处，正在两国交界之地。按之地图、条约均属相符，以后永无争执。再查成琦所定交界道路记文内："横山会处立界牌一个，上写俄国'那'字头。"该处与瑚布图河口相距约有百数十里。当日立牌之数，本在荒山榛莽中人迹不到之处，亦无路径可寻，年久无从踪迹。中俄边界各官均以为此牌失毁，漫无稽考。

光绪三年，宁古塔副都统双福与俄官廓米萨尔·马秋宁补立"那"字界牌在瑚布图河口正北山上，距绥芬河与瑚布图河交会之处不及二里。"倭""那"二字牌相去太近，又非横山会处，自应查明更正。因委派熟悉边界之员宁古塔佐领托伦托勒会同舒利经裹粮入山十余日，依水寻源，披荆辟路，始于六月二十日访得木牌一座。上多朽烂，仅存二尺余；下有碎石平砌台基。虽字迹剥落无存，按其地势正在横山会处。迤西即系小绥芬河源，水向南流。其为"那"字旧界牌又无疑义。惟山路崎岖，林木蒙翳，新造石牌一时难以运往。现与俄使巴啦诺伏议明：先于该处原立"那"字界牌之地，掘深数尺，坚筑石台。俟冬令冰雪凝厚，再将"那"字石牌由小绥芬河拉运到山。届时由依克唐阿派员前往，会同俄官妥为建立。

至"那"字界牌中间百数十里，自应添设封堆记号，以清界址。现由舒利经督率绘图各员详细测量，大澂等委派佐领托伦托呀、瑚布图河卡官骁骑校永祥随同察看。七月初八日回至珲春，将各处应换石牌绘成界图，按图画押钤印。

〔录自《小方壶斋舆地丛钞》第一帙〕

# 边疆叛迹

清·常有睕 撰
梁士灿 标注

# 边疆叛迹全录

老龙岗自兴京发脉[1]，绵亘奉吉两省，直接长白山，为我朝永陵龙脉[2]，禁民樵伐。林木阴翳，深不可测，缘是不逞之徒伏莽于兹，乘间出掠。迨官军剿捕，则其间菁密鸳远，反为所中。盖树大数围，一贼伏于后，可敌数十兵，兵不见贼也。数百年来，悍匪剧盗，难以枚举。今所谓刘弹子者，名永和，号忠清。猎户也，素为盗。前左冠廷军门宝贵捕之急[3]。刘回顾曰："非不伤公，公命官也，何逼人太甚，得无谓我无能乎？"遂举枪一发，左公冠顶应声而落。众大惊失色，刘遂遁去。由是得以弹子为名。

甲午之役，刘在吉林投效管带防军。迨后罢兵遣队，刘复入山。庚子秋，辽沈沦陷，土寇败兵纷纷四扰，刘乃啸聚亡命之众万五千人，伪号忠义军[4]。有总统、帮统、分统、总巡、稽查、营、哨等官各名目。始集海龙界，孙少卿别驾长青[5]，惧为间阎害，输与军粟，约令勿叛。刘乃于老龙岗一带派队散粮，护送难民。民惑之，多有感颂者。

已革盛京副都统晋昌[6]，时尚驻兵哗噜沟，信刘为义，以名刺数十纸[7]，每刺作书一句，约令进攻沈阳。冬十一月，刘军行至通化县界，假道于陈东山大令璋[8]。陈思俄已请军督回省[9]，有交还侵地之说，遂不允，诛其来使五人，亲率所部通字五营御之。战于羊子哨，陈军溃。刘遂进踞通化县，拔队南下。怀仁张穆臣大令兆骏[10]，急往劝谕。适吴清华大令光国，奉檄巡边亦至，遂禀商军督，招抚其众，并委米秀贵大令种，往任通化县事。刘亦遣其分统马某偕张大令进省纳降。军督令往拜俄总管格米萨尔，格商于提督阿垒克徙夫[11]。阿不允，杀马而囚张，即出俄兵剿之。刘悯马之死，而感张之为己也，遂驱兵改辙，径赴兴京。孙芝斋司马寿昌[12]，四出侦骑，不见一贼。俄军已至，命驾郊迎。甫出所署，忽见蠢蠢者四山皆是。知非善类，急返署取印，径奔陵街[13]。一甥稍后，遭弹死。俄即与贼战于兴京。俄不利，退守陵街。贼往围之，战于永陵之旁。炮火交攻三日夜，贼众俄寡，势将不敌。灵子贞都护熙，驱练勇助之。适有沙子河败回俄兵五百骑，自外杀入，贼方解围去。寝庙祭器多有损失。俄亦撤军回沈阳，驻兵城外，挑挖巨壕，置炮城上以防之。

贼回通化制练军火。米大令手无寸柄，惟听驱使而已。怀仁商民三往沈阳，求释张大令回任。军督商诸俄，俄拒之。欲更他令，民又拒之。于是怀仁半载无令官。刘遣其十营总巡郑得胜，号兰亭，绰号老君炉者，驻兵于怀。后又遣其分统定安往替之。定号振东，正白旗，骁骑校也。四月二十三日，定逆正与商民会饮，忽报林大人至。定顾众曰："七儿行为鄙恶，与吾不和，吾不欲见也。汝等善往接待，勿遭其毒。"遂起身去，众遂迎林入。林本忠义军哨官，小字七儿，名成岱，号岳中，字嵩武，安东县商人也，素无赖。己亥冬，吴芸士大令瞻荄莅任安邑，疾其恶，欲逮之。乃遁去。今其入怀也，冠戴四品顶翎，往谒佐尉各官，于市商尚无扰害。踞城数日，劫狱而去。行至宽甸县界之太平哨地方，民亦迎之入授馆⑭。适餐后，忽寻隙反目，纵火廛市，延烧数十家。有练长姜天福者，号召练勇与战经日，败于白菜地，全家被害。众心益寒，沿途团练均莫之御。宽甸县兰炳卿大令维烜告急，邻封未及援。至四月二十八日，驻守宽甸之巡捕队李祝三游戎寿鹏⑮，与其部中正巡王文臣分兵各堵一山口。傍晚贼围王急，游戎率队救之。贼复麇集，围之益坚，遂乞援于李惠卿都戎增海。初都戎率巡捕队一百八十人赴怀，而城被贼踞不得入，至是退兵过宽，相距四五里，闻警不救，绕道而去。游戎势益殆，兵多降贼，仅存八骑，夺命南下。兰大令急命四人荷空舆出东门。贼至，询官何往，众以东对，贼亦东。兰逾南城出，始免于难。贼将衙署付之一炬。林逆自换三品冠，称忠义军统领。五月初三日，忽一人青巾匹骑至凤城。迳入道辕营务处，呈递伪文，假道征俄。大抵谓圣驾蒙尘，势不两立之意。其印长五寸，宽三寸许。文曰："统领忠义中军岳字马步等营之关防。"东边道荣晋三观察森⑯，急遣道标晋字五营分头堵剿，为保守凤城计。贼复移檄，假道安东，以解凤城之心。吴大令急遣巡捕队王子卿都戎良臣，赴宽堵贼。又因山路纷歧，无城可守，复商请统领全边巡捕队林松亭副戎长青，出守九连城，并派镇安营一哨驻守红石砬子地方，此皆由宽赴安之要道也。其时各乡团练俱不听调，曰贼有言："战则房屋俱焚，老幼俱死；不战则免。"凤城晋字后营周管带玉麟，安徽滁州人，向以霸娼斗赌为业。夤缘入营⑰，始驻宽界，屡调不回。观察荣公怒，欲撤之。周惧回凤，以六百金赂营务处，乃免。至是独报奋勇前往。至则首先从贼。部中有不从者，斩二卒以徇，且伪使告捷，将为袭城计。幸有哨官刘寿图间道驰归曰："周已投贼，速为备，迟无及矣。"适李都戎增海率队到凤，荣观察亟留之。出稿赏洋八百元⑱，令速拔队赴前敌。观察亲为接应。比及出城，贼已拥入。时五月初五日下午四点钟也。观察遂命统领道标晋字全军刘馨斋副戎福金退军连山关，亲赴辽阳乞援。李都戎迳出边门，赴安驻守。林贼踞有凤城，自加二品衔，称总统，穿黄马褂。出必乘舆，威福日甚。谓周有功，令统三营，驻守南城。初六晚，忽有数十骑由山后抄入安东，迭放排枪，大呼忠义军至，闯衙劫狱。吴大令闻乱出视，贼已拥至中门。大令急回顾，佯呼曰："扎住贼猛。"吴大令得自堂后出。居民于昏夜泥雨之中，不知贼有几何，咸徙避，号泣于途。贼复驰呼："我老君炉也，从者速来。"顷刻而聚者，实繁有徒。老君炉命其中营哨官老梆子曹得胜等分率之。乡间揭竿响应者五十余处。安东遂失。

时巡捕队杨子坡都戎得春、李惠卿都戎增海，尚驻兵市中，观望不前。翌早，林副戎闻警，即带同李祝三游戎寿鹏、王子卿都戎良臣由九连城驰回。时有新募之兵，驻县东元宝山顶。昏雾之中，彼此疑为贼，互击之。及知，其误伤数人矣。贼闻枪声，始从容西去。副戎驰入杨营，责其何以不战。曰："兵心解矣，战恐有变。"盖所谓巡捕队者，前本奉字军，今遵俄约遣其半，余者为巡捕队。统领曰统巡，管带曰总巡，哨官、哨长曰正巡、副巡。衣用中俄旗式，名曰合璧。记枪有俄文火印，分驻各州县，御盗贼。每县不过百人而已。其遣者无所归，尽附贼。贼与兵为伍也，声气通焉。林副戎侦知其故，乃合集士卒曰："尔等从我多年，本期同患难、共生死，勿相舍也。今事已至此，粮且不继，盗贼满前。负国负民，吾何生为。尔等若相从，则誓与竭力而前。如得贼劫之财，任取勿问。否则请杀某以去，幸毋扰民。"于是跪者半，曰："愿以死报。"副戎亦拜曰："如是甚好。"兵尽跪。副戎乃拔队追贼，于单家屯击殪之[19]。马匹车辆夺回无算。贼目老君炉者郑得胜、老梆子曹得胜等奔回凤城乞救。

南海一带有阎九官者[20]，素为盗。至是募集多人，亦号忠义军。闻林军至，误为林贼也，遣卒持旗往迎之。副戎斩其卒，令前队悉将号衣反穿，持其旗前行。贼亲率队迓之。副戎俟其近，即张队迎击。贼大讶，措手无及，多有未带器械者，惊窜狂奔，遗弃马匹不可胜计，死者枕藉于途。行抵大孤山，本副戎旧驻之地，商民急迎之入，曰："市间财货与为盗有，宁作军以备盗。"遂按兵数，每名给饷三月，又做青布褂裤各一副。副戎侦知该处练长张福臣有异心，因收其家属而告之曰："贼至洛，但迎头痛击，勿交一言。如有变，则尔家无醮类矣。"少顷贼至，张往御之，枪声勃发，贼哗曰："汝误矣。"张不应，贼大溃。副戎令部中各报奋勇杀贼。王都戎良臣首率所部百人，愿为前驱。于是部中各攘臂争先，无愿后者。

一日，市中演剧，兵多往观。副戎乃出骑侦贼。侦行久，于路店稍憩，疲极而睡。主人急呼曰："贼至矣。"侦者驰回，登台止戏，贼已骤至，纵火于市西，而东击之，兵俱奋勇击贼。御于东者仅三十余兵，贼数百不能入。少顷，兵益众，街市填塞不得前，乃绕支巷歧路而出。适贼亦欲从小道进，路俱为兵阻。贼大惊，疑为伏也，欲遁。兵自后击之，杀获无算。民商俱阖户造饭，以饷师。阎贼之众，屡战不利，遂被击散。阎亦赴凤，偕老君炉诉其被创之苦于林逆。林逆大怒，亲率大股贼赴孤山复仇。另遣支贼袭击宙岩州城[21]。意欲使副戎救州城，而孤山可得也。副戎侦贼大队赴孤，乃驻兵于龙王庙以待之。林逆将至龙王庙，炷香于地，拜于众曰："凤、安吾家也，战而捷，则凤、安可守，败则吾辈殆矣。"十四日贼至。两军各踞一山顶，正在鏖战未分胜负之际，忽贼接得城探报，言忠义军在林家台被仪兵用炮击散[22]，凤已危迫。时林逆眷属资财尚在凤城，闻报大惊，无心恋战，急鸣号归队。兵乘势掩杀，追逐八十余里，贼死大半。有一兵击贼下马。贼呼曰："吾与汝同伍多年，何无情也？"兵曰："今日尔即父，我亦杀之。"卒枭其首。搜其身，得金银无算。遂并其器械马匹而归。于是乡民之揭竿者，俱闻风戢影，毁旗斩竿，复安农业。

林逆逃至边门，闻周逆玉麟等已至，十五夜弃得奔宽，俄已进踞，林乃连夜驰奔安东。时有林逆之部将刘黑子名景祥者，在安招集五六百人，正欲赴东沟[23]，与团会接仗。林逆率队抵安，神色仓皇，一饭即行。部中有未及食者。全队拔赴九连城。由虎耳山后，取道赴宽。其母、兄及眷属涕泣随之。行至于茂才麟经家，贼母乃呼林逆，语曰："如此奔波，何日已耶！"林逆乃令其兄林四，以五百金觅得巨船两艘，由虎耳山后登舟，载宝银三捆，计三十锭，又烟土一包，并行李等件，伪为民眷也者，浮江入海，附轮渡烟。又将大车一辆、轿车三辆，即林逆母眷陆路所用，并辕骡十三头、马一匹，寄存于九连城福春泉烧锅。林逆遂自率队上行，比及过叆河，即传令放饷，放饷者，即纵兵奸掳一日也。其新募之队十散其九，盖皆闻败悔惧。夜间市上抛弃青布包巾不计其数。

又有一种幼年之贼，于草帽上饰以红绒之球，腰塞火种[24]，专供放火之用。民俱呼曰火神。其残躏甚于壮贼。至是多有逃散被获者。十八午刻，俄队三十余骑来安追探，贼已去远。遂连夜回凤，拔队赴宽进剿。四乡余贼，悉被团练搜杀无遗。凤安一带，始一律肃清。

林逆行至宽甸，沿途团练死力堵击。林犹辗贼而上，贼死无算。断腰缺臂之尸，蔽江而下，无日不然。五月二十三日，长甸河练长刘从周正率练勇防堵，各路俄兵适至，疑为贼也，开炮击殪一百廿四人。后得旗帜首[25]，见上有团练字样，俄始知误。遂驱兵赴怀，不顾而去。

怀邑通沟有王茂林者，积用悍贼，羽翼甚广。韩民之纳粮为其辖者万有千户。两国均无如之何。林逆下窜时，宽邑四十余牌总练长姜天福为贼败后，乞援于王茂林。王率党千人由通沟驰救之。林遣支贼伺隙焚其家。王誓不与林两立。于是林贼败回上窜，王茂林、姜天福沿途要击之。追至太平哨，贼又纵火焚烧一空。王乃会合俄军四围兜剿，刘黑子景祥中弹死，阎九官、老君炉俱被杀，老梆子曹得胜弃队逃至外义沟，附舟而下，为安东吴大令拿获。讯供不讳，并言初意来安收税养兵以与俄战，不料一败涂地。大数已至，夫复何言。吴大令即将该逆绑赴市曹斩首。

俄因怀邑以上，层峦迭嶂，炮火无所施其技，遂撤军回凤。王独率队上追。迨刘弹子派兵下援，林逆已率十余骑窜入老龙岭密菁中去矣。由凤逃赴宽甸之贼党周玉麟等，正与民团酣战。俄兵适至，乃败散。周逆率十一人奔赛马集。其旧幕王某与乡团联名保救，冀贷一死。王即缚之凤城。刘副戎福金急派弁往提。适军督派巡捕千人亦至，乃解赴省垣。讯供之下，牵涉刘副戎福金，立即调省撤究，并派胡锡之副戎接统，改传巡捕兵一千名镇守东边各属。至周逆带队投贼，罪不容诛，已于六月初七日绑赴市镇，凌迟处死。行刑时，并由俄官拍照，寄呈俄皇。林逆所存九连城烧锅之车马，半皆观察荣公厩中之物，业已派弁取还。闻库藏不计外，书画古玩箱笼等件，悉数遗失，约值五万金。连城不返，中馈颓虚如荣公者<sup>㉖</sup>。国难私仇，肯使若辈漏网耶。然既已五百金购林逆之头，何不先以三尺法清除左右。闻城陷之日，荣公夫人马佳氏仓皇奔避。惊悸成疾。垂危之际，犹拊枕切齿曰："吾死为厉鬼，必吸营务处刘某之脑。"呜呼！惟此一言，罪有归矣。今如撤去差使，何足敝其辜耶。周逆在省，闻已供出刘某种种贪横不法。现道标营务处一差，已改委王仲山都戎承槐。调杜管带长青拔队赴宽，徐作进剿之计。增军督亦调陈管带炳山驻守宽甸城。李游戎寿鹏亦已整队回宽以厚兵力。王都戎良臣仍回安东填扎。留严州所到之俄兵六百，闻贼平乃去。大孤山亦到有俄兵五百，今已撤去。其入凤城俄兵千人，于六月初三日全行撤去。忽通怀之贼，又将复起。荣观察急遣员追至留严，将俄队请回。驻至初八日，贼无动静，俄仍拔队回辽。今俄又派其杨、米两将军，率兵三营赴凤凰城、大孤山一带驻守，为防堵之计，以保旅顺、辽阳后路。先期来文，请东边道预办娼妓数十家，以供军用，免致污辱良民。军督又委陈嘉甫副戎维新来凤，会同荣观察、林副戎办理善后防剿事宜。

林逆自窜入老龙岗后，今复遁至帽儿山。通化县米秀贵大令种遣营官王宝山前往劝抚。王亦伪忠义军之新降者。林虽穷，犹作负嵎之势。且有鉴于伪忠义军之总帮统刘秉和号永福者,前本投诚就抚。今俄人将刘囚于通化县署，并羁其二妻。一面将刘相片寄呈沙皇，再议处置。故林逆益以畏罪不肯就抚。贼党如定安及愣张、韩酉并部兵六七千人，俄已尽行招抚，仍令各带各营步队，每名每日给洋一角五分，马队倍之。俟至八月再起支正饷。俄商于增军督，军督允之。现令新降之营分驻海龙厅、朝阳镇、四道江、八道江、里义河、羊子哨等处。俄人派兵三千驻扎通化城内，以便往来巡察。未识鸭绿江一带能从此不波否。

大清光绪贰拾柒年桂月中秋之前一日，余因有始末之由，故录之，琴川佑如常有瑕书。

## 注　释

①兴京：今辽宁新宾满族自治县。一六一六年，清太祖努尔哈赤在此建国号大金（史称后金）。初名赫图阿拉，后改名兴京。

②永陵：在今辽宁省新宾满族自治县永陵镇，是清太祖努尔哈赤祖父觉昌安和父亲塔克世的陵墓。

③左冠廷：即左宝贵。军门：即提督。

④忠义军：一九○○年（光绪二十六年）十月，沙俄侵略军占领我国东北主要城市和交通线后，广大人民群众组成义军，活跃在海龙（今梅河口市）、通化一带，坚持抗俄斗争。刘永和所部是其中的一支。后各路义军在海龙附近会师，正式组成忠义军。

⑤别驾：通判别称。

⑥晋昌：满洲镶黄旗人。任盛京副都统。义和团运动期间，沙俄大举入侵东三省。他曾率部在辽南一带英勇抗击沙俄侵略军。俄军攻占奉天（今沈阳）时，他率残部逃到法库。旋被革职。

⑦名刺：即名帖。

⑧大令：知县。

⑨军督：指盛京将军增祺。一九○○年，沙俄入侵东北时，占领盛京（今沈阳）。他曾逃往新民，旋又与沙俄签订《奉天交地暂且章程》，充当傀儡。

⑩怀仁：今桓仁满族自治县。

⑪阿垒克徒夫：沙俄占领东北时的俄军司令官。

⑫司马：同知别称。

⑬陵街：即永陵所在地。

⑭授馆：安排起居地方。

⑮ 寿鹏：原文说为寿明。

⑯ 观察：道员别称。

⑰ 夤缘：攀附权要，以求仕进之意。

⑱ 稿：应为犒。

⑲ 殪（yì）：死。

⑳ 南海：这里指黄海一带。

㉑ 宙岩：今辽宁省岫岩。

㉒ 仪：应为俄。

㉓ 东沟：今辽宁省丹东附近之大东沟。

㉔ 廛：应为缠。

㉕ 炽：应为帜。

㉖ 中馈：指妻室。

# 《边疆叛迹全录》跋

该写本是我校，即东北师范大学图书馆收藏，原作常有嘏的手写本。

常有嘏，不见于著作，也未曾耳闻，仅从其自署于"琴川"，得以知道是江苏省常熟县人。他所以写下了这个"全录"，是"因有始末之由，故录之"。看来他是参与了镇压忠义军农民武装抗俄斗争的活动，亲历其事。我认为，他应是当时辽东某有关县衙的幕友。如果能在丹东（今为地级市）、凤城（今为县级市）、宽甸、桓仁等有关县查访，完全有可能了解到该作者的一些情况。

以当事之人，又在当年记述其亲历之事，所以有第一手史料价值。

一九〇〇年（光绪二十六年），沙俄趁八国联军入侵的时机，又单独出兵武装霸占我国东北，激起了广泛的拒俄运动。活动在辽东山区的忠义军是拒俄运动中武装斗争的最前线。该手写本作者虽然站在反动立场上，指忠为叛，侮义为贼；但是，一九〇一年上半年，忠义军反投降、抗俄寇的英勇斗争深得民心的情形仍然会跃然于读者的眼前。

此次复制流传，不仅为史学工作者提供一件原始史料，还可以让那些裹尸沙场、饮恨刑市的抗俄志士，缘此写本的复制，而流芳名于世间！

薛虹

一九八〇年十二月二十日

# "长白文库"出版书目：

东三省政略校注（全三册）

满洲实录校注

钦定满洲源流考校注

吉林外纪

吉林分巡道造送会典馆清册

鸡塞集

松江修暇集

吉林乡土志

吉林志略

吉林志书

吉林纪事诗

戊午客吉林诗·鸡林杂咏

吉林地志·鸡林旧闻录

长白山江岗志略

长白汇征录

吉林纪略·一　柳边纪略、宁古塔纪略、绝域纪
　　略、吉林舆地说略、吉林地略、吉林形势

吉林纪略·二　吉林汇征

吉林纪略·三　大中华吉林省地理志

吉林纪略·四　吉林地理纪要

韩边外

金碑汇释

吉林三贤集

东疆史略

东北史地考略

东北史地考略续集

雷溪草堂诗集

东北旗地研究

满族说部神话、史诗研究

满族萨满神辞口语用语研究（全两册）

启东录　皇华纪程　边疆叛迹

双城堡屯田纪略　东北屯垦史料

松漠纪闻　扈从东巡日录

成多禄集

蒙荒案卷

珲春副都统衙门档案选编（全三册）

吉林农业经济档案

海西女真史料

打牲乌拉志典全书　打牲乌拉地方乡土志

东夏史料

顾太清诗词

清代吉林盐政

延吉边务报告　延吉厅领土问题之解决